KB195523

마르틴 루터

첫 단 추 시 리 즈

마르틴 루터

스콧 H. 헨드릭스 지음

전경훈 옮김

교유서가

헬마르 융한스Helmar Junghans(1931~2010)를
기리며

일러두기

• 이 책은 『마르틴 루터』(뿌리와이파리, 2016)의 일부 오류를 수정하여 재출간하였다.

차례

마르틴 루터(루카스 크라나흐 作, 1533년).

서문

2010년, 트위터에 마르틴 루터의 계정이 생겼다. 한 번에 140글자만을 허락하는 매체, 그리하여 아주 짤막하게 소개하기에 이상적인 바로 그곳에 마르틴 루터가 등장한 것이다. 이 책은 트위터보다는 더 길게 이야기하고 있다. 그렇긴 해도, 자주 필요 이상으로 많이 말하곤 했던 남자의 생애와 작품에 관해 간략히 소개하는 것이 책의 의도다. 루터는, 말이 장황한 편이기는 했지만, 흥미롭고도 논쟁적인 작가로서 자신의 말로 역사를 이루었다. 어떤 이들은 그에게 열광했고, 어떤 이들은 경악했다. 그의 말은 독일인들이 현재까지 말하고 쓰는 방식뿐 아니라 근대 세계의 종교와 문화의 역학 관계에도 영향을 끼쳤다. 루터는 일반적으로 말의 힘을 중시했으며, 특히 신학자다운 신학자로서 신의 말씀이 갖는 효력을 강조했다. 그러나 이 책에서는 주로 루터 자신의 말과 그가 살았던 16세기 유럽 세계에 그의 말이 미친 영향을 다뤘다. 그러므로 이 책은 루터의 전기도 아니고 그의 신학에 대한 개론서도 아니다. 그의 삶, 그가 맺은 관계, 의제와 활동, 견해와 편견, 그리고 거의 말문이 막혀본 적이라곤 없이 다른 사람들은 엄두도 내지 못할 만큼 자기 자신을 드러내 보인 인간으로서, 그가 간직했던 신앙과 그가 느꼈던 감정들을 포착하려 한 일련의 스냅 사진들이다.

이 책에는 각주나 미주를 달지 않았다. 루터가 쓴 글을 인용하거나 윤문해서 쓴 경우, 그 출처는 원전原典의 위치로 본문 안에 직접 표시해놓았다. 그러나 어떤 부분들은 루터가 쓴 것을 내가 직접 번역하기도 했다. 출판사나 이메일(scott.hendrix@pstem.edu)을 통해 문의하면 기꺼이 자료들을 공유하려 한다. 지면을 줄이고 명료성을 높이려고 때로는 역사를 몇 가지 강조점만으로 단순화하기도 했다. 이를테면, 루터는 결코 수도원 안에 은둔하는 수도승이 아니었다. 그는 아우구스티노회(성 아우구스티누스가 쓴 『규칙서』를 바탕으로 창립된 여러 수도회들을 총칭한다. 루터가 속했던 아우구스티노 은수사회Ordo Eremitarum S. Augustini, O.E.S.A는 1256년 창립 당시 이름대로 은둔적 성격이 짙었고, 그래서 아우구스티노회 중에서도 엄률 수도회라고 불렸으며 주교권에서 독립되어 있었다―옮긴이)의 '형제' 곧 수사(修士, friar)로서 에르푸르트와 비텐베르크에 있는 공동체에서 살았는데, 이들 공동체는 엄밀하게 따지면 수도원은 아니었다. 그럼에도 루터는 자신에 대해 수도승이라 칭했는데, 그러면서 '수도서원'을 비판하는 글을 쓰기도 했다. 루터는 수도원 담장 안에서 은둔하는 수도승들과 아우구스티노회·프란치스코회·도미니코회(이들 수도회는 탁발(托鉢, mendicant) 수도회라 해서 수도원 안에만 머무르며 자급자족하는 것을 원칙으로 하는 베네딕도회 등의 정주定住 수도회와 구분된다. 소속 수사들은 원칙적으로 탁발에 의지해 살며, 세상 속으로 나가 설교했다―옮긴이) 등에 속한 수사들을 엄격하게 구분하지 않았다. 이 책 전체에서 '수도원', '수도승', '수도회' 등의 단어들을 피하려 한다면 이는 인위적이고 부적절한 일이 될 것이다 (그러나 본문에서는 혼란을 피하고자 '수도승' 또한 넓은 의미의 '수도자'나 '수사'로 옮겼다. 저자도 수도승monk과 수사friar를 엄격하게 구분해 쓰지 않았다―옮긴이).

종교개혁에 대한 가르침을 준 선생님들과 동료들, 그리고 학생들을 비롯한 모든 이들, 특히 내가 종교개혁에 대해서 다르게 사고할 수 있도록 도전 정신을 북돋워준 사람들에게 신세를 졌다. 원고를 읽고 여러 제안을 제시해준 이들과 늘 한결같이 용기를 불어넣어주고 예리한 충고를 해준 옥스퍼드

대학 출판부의 에마 마천트Emma Marchant에게 감사한다. 이 책을 비롯해 이전에 쓴 책 세 권의 색인을 작성해준 샌드라 킴벌Sandra Kimball에게 이렇게 공개적으로 감사를 표할 기회가 생겨 기쁘다. 그녀의 정확한 솜씨와 16세기에 대한 지식 덕분에 내 책들이 독자들에게 더욱 유용하도록 잘 편집될 수 있었다.

헬마르 융한스Helmar Junghans를 추모하며 그에게 이 책을 헌정한다. 그는 오랫동안 『루터 연감Lutherjahrbuch』의 편집자였으며, 라이프치히대학의 교회사 교수로 있었다. 루터에 대한 비교할 수 없는 지식들을 나와 다른 많은 이들에게 너그러이 나눠줬다. 우리는 여러 해에 걸쳐 우정과 환대로 가득한 시간을 함께했다. 그는 자전거 여행 중 세상을 떠났다. 이 책이 완성되기 단 1주일 전이었다.

2010년 오순절
스콧 H. 헨드릭스

독일 내 루터 관련 지역 지도

제 1 장

루터와 종교개혁

1521년 4월 17일 수요일 오후 4시, 파문당한 수도자이자 대학교수였던 서른일곱 살의 마르틴 루터는 신성로마제국의 고위 관료들 앞에 섰다. 이들은 제국의회에 참가하고자 모여 있었는데, 보통 제국의회는 돈이 많이 들고 길게 늘어지곤 하던 회합이었으며 긴급한 재정 문제나 군사 문제를 다뤘다. 그러나 이번에는 이단 판결을 논제로 삼았다. 하루 전날, 루터는 라인강 변의 보름스라는 독일 도시에 이르렀다. 여행은 2주 동안 이어졌으며, 죽음으로 향하는 엄숙한 행렬이라기보다는 승리의 행진에 더 가까웠다. 이제 겨우 스물한 살, 즉위 2년 차의 황제 카를 5세Karl V는 루터를 보름스로 소환해 그가 쓴 책들을 철회하라는 명령을 내렸다. 주교좌성당 옆의 주교궁_{敎宮}에 서 있는 그의 앞에 탁자가 놓여 있었고, 그 위에 그가 쓴 책들이 쌓여 있었다. 루터는 보름스에서 항변 기회를 얻으리란 희망을 붙들고 있었으나, 판은 이미 그에게 불리하게 짜여 있었다. 담당 관리는 루터에게 단 두 가지 질문에만 답할 수 있노라고 말했다. 그가 그의 이름으로 출판된 이 책들의 저자인가? 만약 그렇다면, 자신이 쓴 것들을 고수하겠는가, 아니면 자신이 말했던 어떤 것이든 철회하길 바라는가?

보름스에서 벌어진 마르틴 루터의 이야기가 어떤 독자에겐 익숙할지도 모르겠다. 특히 그가 철회를 거부하며 마지막으로 했던 말('내가 여기 서 있나이다, 나는 돌이킬 수 없나이다, 하느님 저를 도우소서, 아멘')이 질문에 대한 그의 답이라고 생각한다면 더욱 그럴 것이다. '내가 여기 서 있나이다, 나는 돌이킬 수 없나이다'라는 말은 롤런드 베인턴Roland Bainton이 쓴 유명한 전기의 제목에 영감을 주긴 했지만, 지난 반세기 동안 학자들은 루터가 정말 이 말을 했을지 의심해왔다. 그럼에도, 이 말 덕분에 루터는 프로테스탄트 종교개혁을 시작한 도전적 영웅의 명성을 얻었다. 여러 작가, 영화 제작자, 화가들이 이 장면과 함께 1517년 그가 내건 '95개 논제Fünfundneunzig Thesen'를 통해 루터를 권위에 맞서는 저항자이자 자유의 수호자로 그려놓으면서 이러한 명성은 오랜 세월 유지됐다. 그러나 루터에 대한 이러한 묘사에는 오해의 소지가 크다. 그가 '95개 논제'를 말 그대로 직접 붙였다고는 하지만, 그건 다만 학문적 토론을 열겠다는 공지에 지나지 않았다(우리나라에서 주로 '95개조 반박문'이라고 번역해오던 것을 근래에는 본뜻에 맞게 '95개 논제'로 번역한다―옮긴이). 더욱이 보름스의 그 장면에서도 루터는 자신의 책들에 대한 심문에 대답할 개요를 마련할 수 있도록 하루의 말미를 요청했다. 1521년 4월 18일 제국의회 앞에서 그가 읽은 답변 또한 권위에 대항하는 장광설이라기엔 자못 부드럽고 복잡했다. 자신이 쓴 글의 일부는 수도자로서 도를 벗어날 만큼 가혹하게 적들을 비난하는 내용을 담고 있다고 인정했다. 그러나 교황의 법과 교회의 가르침이 일반 신도들의 양심을 지나치게 괴롭히고 있으므로 그가 만약 자신의 저술을 철회한다면 '폭정에 더욱 힘을 실어주는 것이며, 거대한 사악함에 창문뿐 아니라 대문까지 활짝 열어주는 것'이 되리라고 말했다. 결론에서 루터는 자신의 양심을 충분히 의식하면서, 그에 호소했다. 이때 말한 결론의 문장을 두고 루터는 아무런 꼬리표도 없는 명료한 답변이었다면서 자주 인용하곤 했다. '성경의 증언이나, 반론의 여지가 없는 논증을 통해 확신하지 못한다면, 나는 내가 인용한 성경 말씀에 매여 있고, 내 양심은 하느님 말씀에 사로잡혀 있다.'

마르틴 루터는 신앙의 자유라는 서구 전통을 확립시킨 것도 아니고, 근대적 개념의 민주주의를 수호하고자 교황과 황제에 맞서 저항을 시작한 것도 아니다. 물론 1520년에 '그리스도인의 자유'란 말을 썼고 이를 얻고자 애썼으며, 이것이 훗날 종교의 자유를 쟁취하려는 운동으로 번지긴 했지만, 우리가 아는 범위 안에서 보자면 이러한 관념들은 그의 한계를 넘어서는 것이었다. 또한 그가 의도적으로 논쟁의 장에 돌진한 것도 아니었다. 그는 종교개혁이 미리 짜놓은 선동 전략에 의해서가 아니라 그의 저술들에 대한 반응으로 일어난 것이라고 주장했다. 루터가 자신이 배워온 신학과 자신을 둘러싼 경건한 신심에 대해 공개적으로 의문을 제기하자, 대사(大赦, indulgentia: 보통 면죄부免罪符라고 알려져 있다. 원래는 '큰 은혜'라는 뜻의 라틴어로 로마가톨릭교회에서는 대사大赦라고 번역하며, 고백성사를 통해 이미 용서받은 죄에 대해 남아 있는 벌을 특별한 경우나 조건에 한해 교회가 면해주는 것을 말한다. 고백성사를 통해 신자의 죄를 사제가 사해주더라도 이에 대한 벌은 여전히 남아 있으므로, 신자는 사제가 정해주는 대로 그 벌을 대신할 보속(補贖, satisfacto)을 해야 한다. 대사란 특별한 조건을 두고 이 남은 벌의 일부나 전부를 면하게 해주는 것이다. 중세 교회는 고백성사에서 죄의 용서보다는 벌을 면할 보속에 무게를 두었으며, 지나치게 무거운 보속 행위를 처방해 신자 대부분이 이를 이행할 수 없었다. 루터 시대에는 이 대사가 남발되고 있었으며, 죄까지 면하게 해주는 것처럼 광고되었을 뿐 아니라 그 조건으로 성당 건축 비용을 충당하고자 헌금 등을 요구하고 이를 지불한 이에게 대사를 보증하는 증서, 즉 면죄부를 발행하기도 했다―옮긴이)와 같은 관습으로 이득을 보고 있던 종교 당국은 위협을 느꼈다. 루터가 교황지상권론(敎皇至上權論, Papal Supremacy: 교황수위권Papal Primacy이라고도 한다. 로마 주교인 교황이 모든 주교 가운데 제1의 지위와 권한을 갖는다는 가톨릭교회의 교리다―옮긴이)에 대해 역사나 성경에서 어떠한 근거도 찾을 수 없다고 선언하자, 로마에서는 교황의 자문위원들이 심리審理를 열어 결국 그를 파문했다. 루터가 말하길, 교황이 승계한다고 주장하는 사도 베드로가 한 번이라도 로마에 와서 머물렀다는 증거가 전혀 없으며, 베드로의 이름(베드로의 원래 이름은 시몬Simon이다. 예수는 베드로에게 아람어로 돌이라는 뜻의 케파יפא라는 이름을 주었으며 이를 그리스어로 바꾼 것이 페트로스Πέτρος다―옮긴이)과 연관해 바위 위에 교회를 세우겠다고 하신 그리스도의 말씀은 교황이나 교황의 권위와 아무런 관련이 없다. 루터는 대사에 대한 자신의 비판을 그의 적들이 반박할 수 없기 때문에, 교황의 권한에 제한을 가하려는 자신의 대담함을 공격하는 것이라고 말했다. 그러나 성경에 더욱 일치하게끔 그리스도교 관습들을 바꾸자는 제안 덕분에 그는 학계와 대중 양쪽의 지지를 얻었다. 보름스에 오게 된 1521년 무렵 그는 이미 독일에서 가장 인기 있는 작가 반열에 올랐다. 그리고 이전의 어떤 개혁가들과도 다르게, 전 세계로 널리 퍼져 21세기까지 이어질 종교개혁 운동의 성공한 지도자가 되는 길목에 서 있었다.

> 베인턴은 그의 책에서 루터의 연설 마지막 문장을 제국의회 의사록에 기록된 대로 인용했다. 거기에서 루터는 '하느님 저를 도우소서, 아멘'이라고만 말한 것으로 되어 있다. 문장 앞부분 '내가 여기서 있나이다'는 비텐베르크에서 루터의 재판에 대해 라틴어로 처음 인쇄되어 나온 동정적 이야기에서만 등장하며, 바이마르 총서 제7권에도 나온다. 베인턴은 이 문장 앞부분에 대해 다음과 같이 추측했다. '현장에서 바로 기록된 것은 아니더라도, 이 말을 했던 것은 진실일 것이다. 그 순간에 듣고 있던 사람들은 너무나 감동을 받아서 곧바로 받아 적을 수는 없었을 것이다.'
>
> 『내가 여기 서 있나이다Here I Stand』, 185쪽 발췌

루터와 모든 사절이 보름스를 떠난 뒤, 황제 카를 5세는 루터와 그 지지자들을 추방하는 칙령을 내렸다. 루터를 지지하던 작센의 선제후 현공賢公 프리드리히Friedrich der Weise는 이러한 칙령이 내려올 것을 예상하고선 명령을 내려 루터와 그 일행을 귀향길에서 빼돌려 비밀 장소에 머물게 했다. 이 비밀 장소는 루터가 살면서 가르쳤던 소읍 비텐베르크에서 남서

쪽으로 200킬로미터 넘게 떨어진 아이제나흐 근처의 바르트부르크 요새였던 것으로 밝혀진다. 프리드리히 선제후는 루터 덕분에 자신의 대학이 유명해진 것을 고맙게 여겼지만, 이제 파문까지 당하고 법외자가 되어버린 이 교수를 어떻게 해야 할지를 두고 딜레마에 빠졌다. 일단 황제의 칙령이 내려졌으니, 영주인 자신과 작센 지방 전체가 위험해질 수 있으므로 프리드리히는 루터를 숨겨두고 돌아다니지 못하게 막았다. 루터가 멀리 가 있는 동안, 안드레아스 카를슈타트Andreas Karlstadt가 이끄는 루터의 동료들은 비텐베르크에서 지체 없이 행동을 취했다. 보이지 않는 관념을 행위로 나타내는 예배와 종교 생활에서 처음으로 눈에 띄는 변화들을 일으키고자, 그들은 지역감정을 이용했다. 하지만 그러한 변화들은 불안감을 불러일으켰으며 비텐베르크 시市의회를 자극했다. 결국 이러한 상황이 루터를 제자리로 돌아오게끔 재촉했다. 1522년 3월, 루터는 프리드리히 선제후의 바람을 거스르며 바르트부르크 요새를 떠나 비텐베르크에서 '자신의 무리'를 다시 이끌기 시작했다. 곧이어 카를슈타트는 밀려났고, 루터는 유럽의 문화를 뒤바꾸고 자신을 역사에 기억될 공인으로 만들 개혁에 착수했다.

　정치 또는 철학 사상가로서 마르틴 루터는 최초의 근대적 인물이기보다는 최후의 중세적 개혁가였다. 다른 이들이 유

> 오랫동안, 바르트부르크 요새의 루터 구역 방문객들은, 루터가 악마를 향해 던진 잉크병이 벽에 부딪혀 생긴 얼룩 자국을 보도록 안내되었다. 잉크병과 관련한 최초의 이야기는 16세기 말까지 거슬러올라가는데, 이전에 비텐베르크의 학생이었던 이가 수도복을 입은 악마의 목소리를 듣고는 개혁가 루터를 향해 잉크병을 던졌다는 것이다. 바르트부르크 요새의 벽에 있는 잉크 자국에 대해 언급하는 최초의 책은 1650년에 나왔으며, 그뒤로 악마를 향해 잉크병을 던지는 루터가 전통적인 이야기들 속에 등장하게 되었다. 점차로, 루터가 살았던 다른 건물들의 벽에도 잉크 자국이 생겨나고, 이 이야기 또한 널리 향유되는 전설이 되었다. 이와 마찬가지로 루터가 바르트부르크에 있는 동안에 악마가 머리 주위를 붕붕거리며 날아다니는 파리나, 침대 위에 크고 검은 개의 모습으로 나타났다는 이야기들은 모두 그럴싸한 허구다.

럽의 지형을 바꾸는 데 실패했던 곳에서 그의 개혁은 성공을 거두었기 때문이다. 그 자신과 그의 초기 추종자들을 넘어설 만큼 큰 사건이 돼버린 종교개혁이 일어나지 않았더라면, 루터 또한 중세 로마가톨릭교회에 맞선 또 한 명의 불운한―필시 사형당했을―비판가가 되어, 대단찮은 유산만 남긴 채 신실한 개혁가들의 계보에 오르는 데 그쳤을 것이다. 보름스의 루터 기념 조형물은 그보다 앞선 시기에 파문당한 개혁가 네 명을 함께 기리고 있는데, 각각 보헤미아, 이탈리아, 프랑스,

영국 출신이다. 루터가 중앙에 서 있는 것은, 이 기념비를 세운 19세기 프로테스탄트 신자들의 눈에 루터야말로 사형의 위협과 파문을 모두 이겨낸 영웅이었기 때문이다. 그러나 루터가 선대 개혁가들을 뛰어넘어 가장 영향력 있는 개혁가가 된 이유를 하나만 꼽으라면, 그가 사형을 피했기 때문이다. 선대 개혁가들에 대해 간략히 살펴보기만 해도 이러한 사실은 분명히 드러난다. 그 어떤 중세 개혁가도 16세기 프로테스탄트 종교개혁이 향유한 지리적 범위와 정치적 지원을 얻어낸 종교운동을 일으키지 못했다.

보름스에 있는 기념 조형물의 한 모퉁이씩을 차지하고 있는, 루터의 전신前身이랄 수 있는 개혁가 중 가장 이른 시기에 활동한 인물은 피에르 보데(Pierre Vaudès: 영어로는 피터 월도 Peter Waldo이며 우리나라에서는 발도Valdo라는 이탈리아식 이름으로 이후부터는 발도라고 표기한다—옮긴이)다. 그는 12세기 리옹의 부유한 상인이었으며, 아시시의 프란치스코Francisco d'Assisi 성인과 같이 중세시대에 일반적이었던 충동을 따라 자신의 재물과 재산을 내어놓고 예수 그리스도와 초기 사도들의 발자취를 따르고자 했다. 그러나 프란치스코와는 달리 발도와 그를 따르던 신도들은 설교하거나 새로운 수도회를 세우는 데 필요한 교황의 허락을 전혀 받지 않았다. 이렇게 그들은 교회의 권위를 공공연히 무시했고 허가 없이 설교했으며, 성경 일부분을 그 지방 언어로 번역해 사용했다. 프랑스 남부와 이탈리아에서 이들의 지지층이 빠르게 불어났다. 발도파 또는 '리옹의 가난한 이들'이라 불린 이들은 교회의 화려한 의례들과 대사나 죽은 이들을 위해 기도하는 것(가톨릭교회에서는 죽은 이들의 영혼이 연옥에 머물며 고통스러운 정화의 과정을 거친다고 믿기에, 이들 영혼이 속히 정화되어 천국에 들 수 있도록 하느님의 자비를 청하는 기도를 올린다. 그러나 연옥을 부정하는 개신교에서는 죽은 이들을 위한 기도를 미신과 같이 취급해 비판했다―옮긴이)과 같은 관습들을 비판하다 결국 이단으로 지목되어 1184년 파문당했다. 이러한 낙인에도 발도파는 유럽의 다른 지역으로 옮겨가거나, 알프스 산골짜기에 작은 단위로 숨어들거나 온건한 교회를 조직함으로써 종교재판을 피해 살아남았다. 발도파는 대부분 프로테스탄트 종교개혁 때 칼뱅주의Calvinism 진영에 가담했지만, 그렇다고 해서 그들이 추방과 박해를 면하게 된 것은 아니었다. 1655년 이탈리아의 발도파들이 정당한 이유 없이 살육당하자, 시인 존 밀턴John Milton은 자신의 열여덟번째 소네트가 되는 「최근 피에몬테에서 일어난 학살On the Late Massacre in Piedmont」를 써서 그들의 이상과 고난에 경의를 표했다.

　　기념 조형물의 다른 한쪽을 차지한 루터 이전 개혁가 중에서 두번째 인물은 옥스퍼드대학의 교수 존 위클리프John Wyclif(1320?~1384)다. 성경을 처음 영어로 번역한 인물로 오랫동안 알려져온 위클리프는 성서학자나 종교 활동가라기보다는 철학자였다. 그럼에도 그의 이름은 1381년의 농민전쟁에 연결되었으며, 비밀스레 활동했던 롤라드Lollard 집단과도 결부됐다. 이들은 당국의 허가 없이 성경 번역본들을 유포했으나, 이 번역본은 위클리프가 번역한 것이 아니었다. 위클리프는 토지에 세속적 지배권을 행사하는 교회의 권한에 의문을 제기했으며, 부도덕한 사제는 성무를 집행할 권리를 박탈당한 것이라 보았다. 그러므로 하느님이 구원하기로 예정해놓으신 의로운 신자들의 공동체라는 교회의 가장 참된 의미에 따라, 부도덕한 사제를 교회에서 배제하는 것이 가능하다고 주장했다. 그 밖에도 여러 이유들이 보태져 위클리프는 이단으로 고소당했으며, 그의 신조들은 교황, 옥스퍼드대학, 공의회에 의해 단죄받았다. 위클리프는 생의 마지막 2년을 러터워스Lutterworth에서 격리된 채 보내는 동안 뇌졸중을 앓았던 것으로 보이며, 1384년에 사망했다. 그는 교회 묘지에 묻혔지만, 1428년 교황 마르티노 5세가 명령을 내려 그의 유골을 다시 파내어 태운 뒤 스위프트강에 가라앉게 했다.

위클리프의 저작 중 다수는 그가 죽은 뒤에도 살아남았는데, 특히 체코 학자들 사이에서 인기가 좋았다. 이 학자들 중 어떤 이들은 옥스퍼드에서 공부했으며 그의 여러 저술을 필사해 프라하로 가져왔다. 보름스의 기념 조형물에 있는 세번째 선先종교개혁가 얀 후스Jan Hus도 그곳에서 위클리프의 책들을 읽었다. 후스는 학자였으며 또한 개혁 사상의 인기 있는 대변인이었다. 1402년에 대학 학장으로 선출되었고 베들레헴 채플chapel(소수의 사람들이 미사를 드릴 수 있도록 큰 성당 안에 따로 제대를 갖춰 마련된 작은 경당, 또는 궁정이나 대학 등에 부속된 성당—옮긴이)의 주主설교자로 임명됐다. 1391년에 지어진 이 채플은 프라하의 대학과 사람들이 쓸 수 있도록 개인이 증여한 성당이었다. 후스는 채플에서 설교하며 대사와 성직 매매와 부도덕한 교황을 공격했다. 위클리프와 마찬가지로 진정한 교회란 예정된 신자들의 공동체라고 주장했으며, 이 주제에 관한 그의 논문에는 위클리프의 책에서 가져온 구문들이 들어 있었다. 위클리프의 45개 명제들을 단죄했던 독일 교수들이 격렬하게 반대해 결국 후스는 대주교의 지원을 잃고 교황에게 파문당했다. 그리고 1414년 남부 독일의 콘스탄츠공의회에 소환됐다. 지기스문트Sigismund왕은 약속했던 대로 그를 보호하는 데 실패했다. 후스는 공의회에서 단죄한 위클리프의 이단적 사상들을 주장했다는 혐의로 기소되어 1년 동안 옥에 갇혀 있다가 얼마 뒤 재판에 넘겨져 유죄판결을 받았다. 그의 항변은 귀담아듣지 않는 귀를 향해 있었을 따름이다. 이단으로서 조롱과 모욕을 당한 뒤, 1415년 7월 6일 후스는 장작더미 위에서 불태워졌으며 남은 재는 라인강에 뿌려졌다.

후스는 그에 동조하는 동료들과 참된 종교개혁 운동을 고향 땅 보헤미아에 남기고 떠났다. 체코의 추종자들은 그의 처형에 격분하고 민족주의적 감정에 격앙되어 왕과 로마가톨릭교회에 대항해 일어났다. 자신들의 깃발에 넣을 문양으로 그들은 성작聖爵을 골랐는데, 이는 미사에서 사제들에게만 허락되는 포도주를 자신들도 받아 마시겠다고 요구하는 상징이었다. 온건한 후스파 신자들은 빵과 포도주라는 미사의 두 요소 모두를 영성체에 참여한 이들 모두에게 주는 것으로 미사를 거행했기 때문에 양형론자(兩形論者, Utraquist: '둘 다'라는 의미의 라틴어에서 나온 말)라고 불렸다. 후스파 반란을 진입하려던 일련의 전투가 실패로 돌아가자, 양형론자들의 요구 사항이 바젤공의회(1431)에서 승인됐다. 그리고 이들 후스파는 로마에 충성한 소수의 가톨릭 신자들 곁에서 '보헤미아 형제단'이란 이름으로 삼십년전쟁(1618~48) 때까지 살아남았다. 삼십년전쟁은 가톨릭 관리 두 명과 그들의 비서가 프라하성의 창문 밖으로 내던져진 사건에서 비롯했다. 불만에 가득찬 프로테스탄트들이 자신들의 종교적 자유를 침해한다는 이유로 이들 세 사람을 비난하며 집어던진 것이었다. 그 세 사람은 거름 더미 위에 떨어져 살아남기는 했지만, 이 사건은 결국 프로테스탄트의 패배와 후스파 종교개혁운동의 종결로 이어졌다.

보름스의 기념 조형물에 새겨진 루터의 전신들 중 마지막 인물은 지롤라모 사보나롤라Girolamo Savonarola(1452~98)다. 도미니코회 수사였던 그는 교황 알렉산데르 6세에게 파문당하고 나서, 피렌체를 그리스도교 공화국으로 변화시키려 노력했으나 오히려 역효과를 낳아 실패했으며, 결국 처형당했다. 프랑스 군대가 메디치 가문 사람들을 추방해버리고는 그를 사실상 피렌체의 통치자로 남겨두었을 때, 사보나롤라와 그의 지지자들은 도시 안에서 저질러지는 악덕과 경솔한 행동들을 억제하고자 온갖 노력을 다했다. 절약법에 따라 도박과 고가의 의류가 금지됐고, 1497년에는 여자들이 광장에 모여 화장품과 거울, 장식적인 옷과 값비싼 장신구들을 거대한 '허영의 장작불' 속으로 던져넣었다. 사보나롤라는 열렬한 설교를 통해 이러한 조치를 정당화했다. 그의 설교들은 이 세계가 끔찍한 시련을 거쳐 정화된 뒤에 성령의 새로운 시대가 오리라는 개인적 비전에 바탕을 두고 있었다. 사보나롤라가 로마의 소환에 응하기를 거부했을 때, 교황은 그 도시 전체에 성사 집행을 금지시켰다. 프랑스가 지원을 끊자, 사람들은 사보나롤라에게서 등을 돌렸다. 폭도들이 산 마르코 수도원에 침입해 이 예언자와 동료 둘을 붙잡아 시의 관리들에게 넘겨버렸다. 그들은 심문받고 고문당했다. 1498년 5월 23일 세 사람 모두 도시 한가운데서 교수형 당한 뒤 시체는 불태워졌다.

보름스의 기념 조형물을 디자인한 사람들이 발도(보데), 위클리프, 후스, 사보나롤라를 루터의 전신으로 형상화한 데는 이유가 충분히 있었다. 그들은 독일의 종교개혁가 루터와 공통점이 많았다. 그리스도인의 삶을 개혁하고자 그들이 내놓은 제안들의 근거는 성경이었다. 그리고 그들은 보통 사람들도 성경을 스스로 읽을 수 있도록 성경을 토착 언어로 번역하는 것을 지지했다. 신약성경에 있는 예수의 가르침과 초기 그리스도인들의 모습은 그들을 따르던 이들이 성취하도록 격려받는 이상향이었다. 그리고 그들은 제지받거나 파문당한 뒤에도 설교를 계속했다. 또한 성직자들의 행실을 비판하고 교황의 권위에 도전했다. 프랑스, 이탈리아, 영국, 보헤미아에서는 이들의 개혁이 한동안 살아남을 수 있을 만큼 정치적 용인과 지원을 충분히 얻어낼 수 있었다. 개혁은 그리스도교의 아주 오래된 이상이었으며, 그리스도교 역사를 통틀어 변화를 실행하려 했던 시도들은 ― 수도원 개혁조차도 ― 대부분 이러한 특징을 한둘쯤 가지고 있었다.

보름스의 기념 조형물에 있는 다른 개혁가들과 루터의 차이는 무엇일까? 루터 스스로 이 질문에 대해서 얀 후스와 관련해 몇 차례 대답한 바 있다. 그는 개혁의 선구자들 중 얀 후스를 가장 잘 알고 있었으며 존경했다. 가톨릭 신학자 요한 에크Johann Eck는 1519년 라이프치히에서 루터와 논쟁을 벌이다가, 그가 후스의 이단적 주장들 가운데 세 가지를 고수하고 있다고 비난했다. 이에 루터는 후스파에 대해 보헤미아의 분리주의 종파라 규탄했으나, 콘스탄츠공의회에서 단죄받은 후스의 성명들 중 어떤 것들은 매우 복음적이며 그리스도적인 것이라 선언하기도 했다. 이후 같은 해에, 프라하의 양형론자 두 사람이 교회에 관한 후스의 책 사본을 루터에게 보내주었다. 루터는 이 책을 빠르게 읽어본 것이 틀림없어 보인다. 그는 이 책에서 받은 영향을 1520년 초에 다음과 같이 기술하고 있다.

이제까지 나는 이걸 알지도 못하면서 얀 후스의 모든 가르침을 붙들고 지지해왔다. 〔……〕 요컨대 우리 모두는 그것을 깨닫지 못한 후스파다. 〔……〕 하느님이 우리에게 그토록 끔찍한 판결들을 내리시는 것을 볼 때면 나는 말문이 막힌다. 가장 분명한 복음의 진리는 백 년도 더 전에 공개적으로 화형당했으며, 이제 단죄되어 그 누구에게도 그것을 고백하는 일이 허락되지 않는다.

이러한 말은 두 개혁가 사이의 차이를 거의 남기지 않으며 항간에 퍼져 있던 예언을 성취하는 것처럼 보였다. '이제 그들이 이 거위를 구워버릴 것이다(후스는 거위를 뜻한다). 그러나 100년 뒤 그들은 그들이 참아내야 할 한 마리 백조의 노래를 듣게 될 것이다.' 11년 뒤에 루터는 옥에 갇힌 후스가 이 예언을 했던 것으로 여겼다. 후스가 이런 예언을 남겼다는 기록은 없다. 그러나 루터의 추종자들은 글이나 그림 속에 언제나 이 독일 종교개혁가 옆에 백조 한 마리를 같이 그려둠으로써 그 예언이 루터를 통해 이뤄졌음을 나타냈다.

루터가 늘 그 자신을 후스와 동일시했던 것은 아니다. 1520년에 그는 교황권에 대한 후스의 비판이 충분히 나아가지 못했으며, 자신은 그보다 다섯 배는 더 나아갔다고 주장했다. 루터가 식사 때 나눈 대화들을 편집해놓은 『탁상담화 Tischreden』(요하네스 마테지우스Johannes Mathesius가 1540년 루터의 집에 머물면서 나눈 대화를 기록해 루터 사후에 편집해서 출간했다.—옮긴이)에서 그는 후스가 '사적私的인 미사에 대한 미신'에 집착하고, 올바른 가르침보다는 올곧은 행위에 더 신경썼다고 비판했다.

교리와 행위는 구분돼야 한다. 교황주의자들만큼이나 우리도 악행을 저지른다. 그러나 우리가 교황주의자들과 행위를 두고 싸우거나, 그들을 행위 때문에 단죄하는 것은 아니다. 위클리프와 후스는 이를 알지 못하고 교황을 그 행위에 대해서 공격했던 것이다. [교리를 공격하는 것이] 나의 소명이다.

루터는 필시 위클리프와 후스가 성직 매매와 성직자들의 부도덕함을 비판하며 쓴 글들을 언급하고 있던 것이다. 그러나 그가 교리와 행위를 날카롭게 구분한 것은 과장되었다. 루터가 그리스도교의 주된 교리는 도덕이 아니라 믿음에 관한 것이라 주장하긴 했지만, 또한 진정한 믿음은 행동하는 사랑과 연민에서 따로 떼어놓을 수 없는 것이라고도 말했다. 그는 1522년 비텐베르크로 돌아온 뒤 행한 설교에서 청중을 나무랐다.

여러분은 성사를 통해 하느님이 주시는 좋은 것들을 전부 기꺼이 취하려 합니다. 그러나 여러분은 그것들을 기꺼이 사랑으로 다시 내놓으려고는 하지 않습니다. [……] 참으로 한심한 노릇입니다! 여러분들은 이에 대한 설교를 많이 들었고, 내 책들은 이런 내용으로 가득차 있으며 이 한 가지 목적을 갖고 있으니, 그것은 여러분에게 믿음과 사랑을 강력히 권고하려는 것입니다.

루터는 후스가 때가 무르익기 전에 대사에 대해 비판하는 글을 썼던 것이라고 말했고, 이로써 왜 앞선 개혁가들이 아니라 자신이 종교개혁을 촉발하게 되었는지에 대한 원인을 밝히는 데 한 걸음 다가섰다. 보름스에 있는 기념 조형물은 왜 1517년에야 때가 무르익어, 학술 논쟁을 벌이려고 라틴어로 준비한 문서일 뿐이었던 '대사의 효력에 대한 95개 논제'가 정치 분쟁을 일으키고 걷잡을 수 없는 종교개혁운동을 촉발하게 되었는지를 넌지시 보여주고 있다. 기념 조형물의 앞쪽 모퉁이에는 독일 프로테스탄트 운동에서 가장 중요한 의미를 지닌 정치 지도자들이 서 있다. 헤센의 백작 필리프Philipp von Hessen, 작센의 선제후 현공 프리드리히가 그들이다. 선제후 프리드리히와 그의 후계자들이 보호해주지 않았다면, 루터는 보름스 제국의회에서 그와 그의 추종자들을 벌하는 칙령이 선포된 뒤 살아남을 수 없었을 것이다. 또한 초기 복음주의 운동의 옹호자였던 필리프가 군사와 정치에서 영향력을 발휘하지 않았더라면, 프로테스탄트들은 종교개혁을 멈추려는 카를 5세 황제의 공격에 저항하지 못했을 것이다. 독일의 세 도시―마그데부르크, 슈파이어, 아우크스부르크―를 나타내는 알레고리로서 서 있는 세 인물은 기념 조형물을 우아하게 할 뿐만 아니라, 제국의 자유시로서 종교개혁을 공인하고 그 뒤를 든든하게 받쳐준 세 도시의 결정적 역할을 상징한다. 1530년 아우크스부르크에서 루터파는 자신들의 신앙에 대한 논변을 제출했으나, 카를 5세 황제는 이를 받아들이길 거부했다. 그러나 훗날 '아우크스부르크 신앙고백Augsburger Konfession'으로 알려지게 되는 바로 그 신앙고백을 신봉하는 독일 프로테스탄트들이 1555년 아우크스부르크에서 신성로마제국 안에서 합법적 지위를 부여받았으며, 카를 5세는 그들을 억누르려는 군사작전을 포기했다.

기념 조형물의 뒤쪽 모퉁이에는 루터의 어린 동료였으며 그리스어 학자이자 루터파 운동의 공동 지도자였던 필리프 멜란히톤Philip Melanchthon과 유명한 히브리어 학자이면서 멜란히톤의 멘토였던 요하네스 로이힐린Johannes Reuchlin의 상이 서 있다. 두 사람 모두 독일 인문주의가 종교개혁에 끼친 영향을 대변한다. 후스와 위클리프도 학자이긴 했으나, 그들은 집중적인 언어 연구나 1450년대 활판 인쇄술 발명 이후 밀려드는 출판 인쇄물의 혜택을 보지 못했다. 16세기 개혁가들은 대부분 인문주의 교육을 받았으며 히브리어 성경 및 그리스어 성경을 읽을 줄 알았다. 로테르담의 에라스무스Erasmus와 같은 학자들 덕분에, 루터는 성경과 고전작가들과 아우구스티누스 같은 초기 교회 신학자들의 저술들을 비평본으로 읽을 수 있었다.

그의 동료들과 다른 개혁가들의 활동 또한 종교개혁 확산에 필수 요소였다. 보름스의 기념 조형물에 붙어 있는 메달들에는 이들 중 네 사람의 초상이 담겨 있다. 비텐베르크의 목사이자 교수였던 요하네스 부겐하겐Johannes Bugenhagen은 북부 독일과 덴마크에서 복음주의 운동을 펼쳤다. 그는 포메라니아 출신이었고 북부 지방에서 쓰이던 저지低地 독일어 방언을 알았기 때문에 그곳에 생긴 새로운 루터교회들을 위해 헌장을 작성할 수 있었다. 비텐베르크에 있던 루터의 동료이자 친구인 유스투스 요나스Justus Jonas는 그 자신이 설교하기도 하고, 루터가 라틴어로 쓴 글을 더 많은 독자가 읽을 수 있도록 독일어로 번역함으로써 다른 도시들의 개혁에 기여했다. 스위스 인문주의자로 그리스어 신약성경을 가지고 직접 설교했던 울리히 츠빙글리Ulrich Zwingli는 취리히와 그 주변 지역에서 종교개혁운동을 일으켰는데, 이는 독일의 루터교와 구분되었다. 이후에는 프랑스 태생으로 제네바에서 활동한 종교개혁가 장 칼뱅Jean Calvin과 연합했으며, 칼뱅의 영향은 유럽의 여러 지역으로 퍼져나갔다. 칼뱅주의는 1559년 이후 프로테스탄트 국가가 된 영국의 종교개혁에 루터교보다 더 많은 영향을 끼쳤다.

16세기의 종교개혁이 성공한 이유가 전부 루터나 비텐베르크에서 직접적으로 비롯하지는 않았지만, 루터가 없었어도 광범위한 개혁이 일어났을 거라고 말하기는 어렵다. 반면에, 종교개혁이 일어나지 않았더라면 루터가 이 '첫단추' 시리즈에 등장하지 못했을 거라고 생각하는 것도 억측은 아니다. 종교개혁은 루터의 상상마저 뛰어넘는 혁명이었으며, 선대 개혁자들이 의도했던 것보다도 훨씬 더 나아간 결과들을 근대사회에 남겼다.

제 2 장

개혁가가
되기까지

보름스의 제국의회가 끝난 후 친절한 납치를 당할 즈음, 마르틴 루터는 이미 37년의 세월을 흘려보낸 중년에 접어들어 있었다. 그가 실감하지는 못했지만, 교수직과 더불어—만약 그가 교수직을 유지하는 것이 허락된다면—부업 하나를 시작하고 있었던 셈이다. 루터는 바르트부르크에서 열 달 (1521년 5월~1522년 3월) 동안 머물며 공부와 저술과 새로운 소명에 대해 줄곧 숙고했으며 마침내 확신을 얻었다. 그는 이제 수도자가 아니었다. 이제 신께 이끌린 종으로서, 독일을 위해 부패하고 미신으로 가득차 보이는 중세 종교보다 더욱 참된 그리스도교를 회복시켜야 할 운명을 짊어졌다. 독일 소읍 출신 광산 사업자의 아들이 어떻게 해서 이토록 급진적인 자아관을 갖게 된 것일까?

  루터는 자신의 부모가 가난한 소작농이었다고 말했지만, 이러한 말은 그의 유년기에 대해 잘못된 인상을 심어준다. 그의 아버지 한스Hans는 뫼라Möhra라는 작은 마을에서 소작농의 아들로 태어났다. 뫼라는 아이제나흐라는 소도시에서 멀지 않았는데, 이곳에 루터의 어머니 마르가레테 린데만Margarete Lindemann의 집이 있었다. 그녀의 친척들은 확실히 자리 잡은 도시 사람들이었다. 한스가 사회적 사다리를 오르는 결혼을 한 것이긴 하지만, 그는 제련 장인으로서 광산업에서 성공을 거뒀고, 그의 돈이 투자된 구리 채굴 조합들의 독점 판매권도 가지고 있었다. 마르틴 루터는 아이슬레벤에서 태어났고, 그곳에서 죽었다. 그러나 그가 태어나고 얼마 지나지 않아 그의 부모는 더 작은 만스펠트라는 광업도시로 옮겼으며, 루터는 이곳에서 유년기를 보냈다. 아버지 한스는 사업이 번창하여 그는 저명인사가 되었다. 최근의 발굴 작업에 따르면 루터의 가족들은 안뜰이 있는 큰 집에서 잘 먹고 편안하게 살았던 것으로 보인다. 안뜰에서는 연대가 1500년대로 추정되는 구슬들이 발굴됐으며 어쩌면 루터가 이 구슬들을 가지고 놀았을지도 모른다. 한스의 재산은 구리 가격에 따라 늘기도 줄기도 했으나 루터와 그의 형제자매들은 진짜 가난을 알지 못했다. 적어도, 야코프Jakob라는 형제 한 명과 누이 세 명이 성인이 되도록 살아남았는데, 루터와 가깝게 지낸 야코프는 제련 장인이 되었으며 아버지가 죽은 뒤에도 본가에서 살았다.

아버지 한스는 소작농의 아들이었을지라도, 루터 자신은 늘 도시에서 살았으며, 우리가 아는 한 농촌 생활을 직접 체험해 알게 된 적은 전혀 없다. 이후에 그는 학교생활이 지옥이요 연옥이었다고 불평하긴 했으나, 그의 글쓰기와 말하기 실력으로 판단컨대 마르틴 루터는 학교 교육을 통해 대학 진학뿐 아니라 교사, 작가, 번역가, 연설가로서도 활동할 수 있는 실력을 갖추었다. 그는 열네 살이 될 때까지 만스펠트에 있는 라틴어 학교를 다녔으며 거기에서 문법을 반복 학습하고 논리학과 수사학의 원리들을 배웠다. 1497년경에는 친구 한스 라이네케Hans Reinecke와 함께 대주교가 있는 대도시 마그데부르크로 가서, 다른 모두와 마찬가지로 주교좌성당 부속학교에 등록했다. 루터는 봉쇄수도원은 아니지만 수도원처럼 공동체를 이루어 사는 공동생활형제회Fratres Vitae Communis(FVC)에서 함께 살았다. 이 공동체는 학생들을 받아 가르치기도 했다. 마그데부르크에 온 소읍 출신의 소년은 매우 도시적이고 종교적인 환경과 마주하게 됐으나, 그것이 그에게 끼친 영향에 대해서는 알려진 바가 거의 없다. 1년 뒤에 아이제나흐로 옮겨가 어머니의 친척집 근처 학교에 다녔기 때문이다. 루터는 그 도시의 저명인사이며 프란치스코회의 후원자인 하인츠 샬베Heinz Schalbe의 집에 하숙하면서 그의 아들 카스파르Caspar 와 함께 성 게오르크 성당 부속학교에 다녔다. 그리고 나중에 자신의 첫 미사에 초대하는 노老사제 요한 브라운Johann Braun 과 긴밀하게 우정을 키워나갔다. 루터는 자신이 아이제나흐 를 떠나고 20년 뒤에 이 도시 위에 있는 바르트부르크 요새에 숨어 있게 되리라고는 상상도 못했을 것이다.

재능 있는 학생이 가야 할 그다음 단계는 대학이었다. 1501년 루터는 만스펠트에서 100킬로미터 정도 떨어진 무역도시 에르푸르트에 유학하기로 했는데, 이 도시는 1392년에 이미 대학을 세울 정도로 번창한 곳이었다. 루터는 이후 11년 중 10년을 에르푸르트에서, 곧 4년은 그곳 대학에서 살고 6년은 그곳 수도원에서 살게 될 것이었다. 모든 신입생과 마찬가지로 교양학부에 입학했고 1502년 학사 학위 시험을 통과했다. 석사가 될 준비를 하는 데는 더 긴 시간이 걸렸고 아리스토텔레스를 집중적으로 공부해야 했다. 1505년 초에 학생 17명 중 2등으로 석사과정을 마치고 대학교수의 상징인 사각모와 반지를 받았다. 이로써 루터는 강의하고 토론을 벌일 자격을 얻게 되었다. 더욱이 그는 이제 법학, 의학, 신학이라는 전문학과 중 하나를 공부할 수 있는 자격을 얻었다. 그의 아버지가 보기엔 법을 공부하는 것이 보장된 일류 직업을 얻을 수 있는 최선의 길이었으므로 루터는 아버지의 계획을 따라 곧바로 최종교육 단계에 올랐다. 그러나 그 계획은 채 두 달도 이어지지 못했다. 1505년 본가에 방문한 뒤 학교로 돌아온 루터는 갑작스레 법 공부를 그만두었다. 놀란 친구들을 불러모아 떠들썩하게 송별회를 벌인 뒤, 근처에 있던 아우구스티노회에 입회했다.

이렇듯 갑작스럽게 진로를 변경한 데는 독실한 신앙이 결정적 동기로 작용했던 듯하다. 에르푸르트로 돌아오던 길에 목적지가 가까울 즈음 사나운 폭풍을 만나 겁에 질린 나머지, 루터는 아무 탈 없이 빠져나가기만 한다면 수도자가 되겠노라 맹세했다. 죽음을 마주한 상황에서 그렇게 일생을 바꿔놓을 맹세를 한 것을 보면, 법률 관련 직업에 대한 불안감이 이미 있었으며 이전에 엄격한 의미의 종교 생활, 곧 수도원 입회도 고려해봤음이 틀림없다. 더군다나, 종교는 그가 살고 공부했던 곳 어디에나 있었으며, 특히 마그데부르크와 아이제나흐가 그러했고, 에르푸르트는 성당과 수도원과 성직자 단체들로 복작거릴 정도였다. 수도자가 되지 않고도 신학 공부를 할 수는 있었지만, 그가 찾고 있던 것은 학문의 대체 경로가 아니라, 다른 삶이었다.

40년 뒤에 그때의 결정을 뒤돌아보면서 루터는 자신이 수도자로서 나무랄 것 없이 살았다고 회상했으나, 여전히 자신

AETHERNA IPSE SVAE MENTIS SIMVLACHRA LVTHERV
EXPRIMIT·AT VVLTVS CERA LVCAE OCCIDVOS
·M·D·XX·

1. 수도자 루터(루카스 크라나흐 작作, 1520년).

은 '하느님 앞에서는 극도로 산란한 양심을 지닌 죄인이었다'
고 느꼈다. 수도자로 산 16년에 대한 평가로는 상투적인 표
현이긴 했다. 그는 완벽한 수도자가 되고자 노력했지만, 그의
양심은 독일 (엄률) 아우구스티노회의 부총장이었던 그의 멘
토 요한 폰 슈타우피츠Johann von Staupitz가 준 위안으로도 달
래지지 않았다. 그러나 그의 불안이 수도 생활의 정진을 방해
하지는 않았다. 루터는 수련기를 마치고 서원을 발했으며, 사
제 서품에 필요한 학과들을 공부했다. 그리고 수도회에 들어
간 뒤 2년도 지나지 않은 1507년 4월 3일에 서품을 받았다.
사제가 되고 한 달이 지나 첫 미사를 드렸을 때는 아버지 한
스 루터가 친구 스무 명과 친척 무리를 대동하고 참석했으며
수도회에도 후한 선물을 주었다. 그렇지만 한스는 아들이 수
도자가 되기로 결심한 데 실망한 마음을 완전히 추스르지는
못했다. 두 사람이 대화를 나누는 동안에, 루터는 자신의 서
원이 자유롭게 이뤄진 것이 아니라 극한의 환경 속에서 어쩔
수 없이 한 것이라고 주장했다. 한스는 아들이 환영에 시달린
것이라 생각했으며, 부모에게 순종하라는 계명을 아들에게
상기시켰다. 루터는 그때의 만남을 회상하며, 아버지의 입술
에서 나왔던 그 말들만큼 오랫동안 마음에 상처가 되어 오래
남은 것은 없었다고 말했다.

사제가 된 뒤로 루터는 신학 공부를 시작해, 1512년 비텐

베르크의 새로운 대학에서 박사 학위를 받고 슈타우피츠의
신학 교수직을 이어받을 때까지 중단 없이 학업을 계속했다.
에르푸르트에는 아우구스티노회의 학교가 있었는데 이 학
교의 교사들도 대학 교수진에 속해 있었다. 루터는 이미 석
사이기는 했지만, 스콜라주의 방식—scholastic method: '학
교school' 곧 대학에서 쓰였기 때문에 그렇게 불렸다—이 지
배적이었던 신학 교과과정의 요구사항들을 충족해야 했다.
12세기에 페트루스 롬바르두스Petrus Lombardus가 엮은『명제
집Sententiarum Libri Quattuor』이라는 책이 표준 교과서로 쓰였
다. 이 책은 교리에 관한 논쟁적 명제들로 구성돼 있으며, 롬
바르두스가 이 명제들에 대한 논증을 아우구스티누스같이
더 오래된 원전에서 가져와 제시하고 있기 때문에 그러한 이
름이 붙었다. 신학 박사 학위 지원자들은 모두『명제집』에 관
해 강의해야 했으며 이들의 강의록 중 다수가 수정을 거쳐 해
설서로 유통됐다. 13세기의 토마스 아퀴나스Thomas Aquinas
도 젊은 시절에 그러한 강의를 했다. 루터는 가브리엘 비엘
Gabriel Biel의 해설서를 이용했는데, 비엘은 공동생활형제회의
일원으로 튀빙엔대학에서 신학을 가르쳤으며 루터의 유년
시절에는 여전히 살아 있었다. 신학에 대한 비엘의 접근 방
식은 유명론(唯名論, Nominalism: 중세철학의 가장 큰 논쟁이었
던 보편논쟁에서, 보편자가 실재로 존재한다고 하는 실재론Realism

에 맞서, 개별 개체만이 실재할 뿐 보편자는 다만 우리가 만든 이름, 곧 관념일 뿐이라고 보는 철학적 관점이다―옮긴이)이라는 것으로, 14세기 영국 프란치스코회 수사인 오컴의 윌리엄William of Ockham의 이름을 따라 오컴주의Ockhamism라고도 한다. 에르푸르트에서 만난 첫 개인교수가 이러한 전통에서 훈련받은 아우구스티노회 수사였던 탓에, 루터도 이후에 스스로 인정한 것처럼 오컴주의자가 되었다.

아퀴나스와 달리 오컴주의 신학자들은 믿음과 교리가 이성과 자연에 대한 지식보다는 성경에 드러난 계시에 의존한다는 것을 강조했다. 그들은 철학과 신학을 명확하게 구분 짓기는 했지만, 여전히 아리스토텔레스와 성경 연구를 모두 옹호했다. 루터는 이미 아리스토텔레스에 대한 공부를 마친 상태였다. 그 덕분에 성경과 롬바르두스의 『명제집』만이 아니라 아리스토텔레스의 『니코마코스 윤리학Ethika Nikomacheia』에 대해서도 강의할 수 있었고, 또 하기를 바랐다. 그는 1508년과 1509년에 비텐베르크에서 아리스토텔레스에 대해 강의했다. 당시 비텐베르크대학에서 아우구스티노회 수사들에게 할당되어 슈타우피츠가 맡고 있던 두 자리, 즉 철학 강사직과 신학과장직 중 철학강사직을, 아마도 슈타우피츠의 요청에 따라, 임시로 대신했다. 루터는 1년 동안 비텐베르크에 머무른 뒤 에르푸르트의 아우구스티노회 공동체로 돌아가 『명제집』을 강의했다. 하지만 이 강의는 1511년 루터가 일생일대의 여행을 떠나면서 중단되었다. 그가 엄률 아우구스티노회를 대표해 탄원하고자 로마로 갔던 것이다.

탄원은 받아들여지지 않았다. 그러나 훗날 그가 인정한 것처럼 '세상을 알지 못했던' 이 착실하고 젊은 수도자에게 로마는 깊은 인상을 남겼다. 루터는 그 거룩한 도시와 오가는 길에 있는 도시들에서 본 것들이 두렵기도 하고 역겹기도 했다. 20년 뒤, 개혁가의 눈으로 자신의 '로마 순례'를 묘사하며, 그는 자기 자신을 '악취 나는 그 모든 위조물을 믿는 모든 교회와 지하 납골당을 뚫고 돌진'한 광적인 성인이라 불렀다. 로마에서 그는 부모가 아직 살아 있음을 유감스럽게 여겼다. 로마를 방문하면 대사를 받을 수 있었던 것처럼, 로마에서 미사를 드리면 죽은 부모를 연옥에서 구해낼 수 있다고 여겼기 때문이다. '로마에는 이런 말이 있다. "아들이 성 요한 성당에서 토요일에 미사를 드려줄 수 있는 어머니는 복되다." 내 어머니를 복되게 해드렸어야 하지만, 사람이 너무 많아서 성당 안에 들어갈 수가 없었다. 그래서 그 대신에 훈제 청어를 먹었다.' 경박한 어조 때문이 아니더라도, 이러한 말은 그가 수도자 시절 자신에 대해서 했던 말들과 배치된다. 루터는 자신이 종교개혁 이전에 진정으로 경건한 수사였으며 사제로서 확실한 성소聖召를 갖고 있었다고 말했다. 나중에는 자신이

'열렬한 교황주의자'였으며 '수도 생활'에 빠져 있었다고 강
조하기까지 했다.

1511년 말, 루터는 비텐베르크에 있는 아우구스티노회 공
동체로 옮겨왔으며, 그 도시에서 처음에는 수도자로 그다음
에는 남편이자 아버지로 여생을 살게 된다. 이듬해에는 그가
맡았던 자리 중 유일하게 정기 급여가 지급되는 대학교수 자
리에 올랐다. 슈타우피츠는 루터를 설득해 신학 박사 학위를
받도록 했으며 선제후 프리드리히는 그에 필요한 비용을 지
불하기로 합의했다. 이는 루터의 신학 공부를 완결하고, 그가
에르푸르트에서 얻은 석사 학위자의 특권들을 비텐베르크
에서 확정하는 형식적 절차였다. 고향 이름을 따라 카를슈타
트라고 불렸던 안드레아스 보덴슈타인Andreas Bodenstein 교수
의 주관 아래서 루터는 교회가 단죄하고 경건한 귀에 거슬리
는 것은 어떤 것도 가르치지 않겠다고 선서했다. 그리고 또다
른 사각모와 금반지 외에 개폐 성경(잠금장치가 있는 성경 — 옮
긴이) 한 권을 받았다. 예정대로 슈타우피츠가 교수단에서 자
리를 내놓자 루터가 그 자리를 이어받아 신학과장 자리에 올
랐다. 연이어 빠르게 진행된 이 일들이 나중에 루터에겐 의견
을 주장할 권리가 없다고 하는 공격에 맞설 때 최상의 방어책
이 되어주었다. 루터는 공개적으로 선서까지 한 신학 박사로
서, 비록 교회의 가르침과 관습에 비판적이더라도 자신이 성

경에서 발견한 것들을 가르칠 의무가 있다고 주장했다. 부지
중에 슈타우피츠는 종교개혁을 시작하는 자리에 루터를 앉
혀놓았던 것인데, 이후에 드러나듯이 슈타우피츠 자신이 직
접 개혁에 함께할 수는 없었다.

　루터는 첫번째 강의 주제로 수도원에서 날마다 듣고 노래
하며 거의 외우고 있었던 시편을 선택했다. 그러나 그가 다른
중세의 선배들과 마찬가지로 시편을 한 구절씩 다뤘기에, 강
의는 1515년이 되어서야 끝났다. 그다음에 그는 신약의 세
서간, 곧 로마서, 갈라티아서, 히브리서를 1년씩 강의했다. 이
강의들은 1518년에 끝났는데, 대사에 관한 논쟁이 한 해 내
내 이어진 첫해였고, 그래서 그는 본래 업무에 여행과 저술
을 더하게 되었다. 아마도 그러한 이유로, 또는 그가 말한 것
처럼 두번째에 준비가 더 잘되어 있었기에, 그는 시편 강의를
다시 하기로 결정했다. 그러나 이번 강의는 끝내 마무리되지
못했다. 1521년 4월 보름스로 떠날 무렵까지 그는 겨우 시편
22편에 이르렀다. 대학에서 강의하는 것 말고도, 루터는 수도
회 안에서 다른 책임들을 맡고 있었다. 루터는 그의 친구이자
같은 아우구스티노회 수사인 요한 랑Johann Lang에게, 편지 쓰
고 설교하고 수사들의 학업을 지도하고 바오로에 대해 강의
하고 아우구스티노회의 지역 장상 대리로서 공동체들을 방
문하느라 정신없이 바쁘다며 불평했다.

　　루터는 대학에서 토론 주제들을 준비하기도 했다. 98개로 된 한 묶음의 논제들은 자신의 유명론자 스승들과 가브리엘 비엘에게서 배운 스콜라철학을 비판하는 것이었다. 고위 성 직자들을 포함해 대부분의 사람들에게 이 신학 토론은 학술 적인 것이었으며, 따라서 온건한 것이었다. 그러나 두번째 묶음의 주제들, 곧 마찬가지로 라틴어로 써서 1517년 10월 31일 비텐베르크성의 성당 문에 붙였던 주제들은 온건하지 않았다. 그날, 곧 만성절(萬聖節, All Saints' Day: 11월 1일. 한국 가톨릭교회에서는 '모든 성인의 날'이라고 부르며 모든 죽은 이들 의 영혼을 기억한다─옮긴이) 전날 붙인 것이 사실이라면, 선제 후 프리드리히가 소유한 성유물들의 화려한 전시를 보러 왔 거나, 연옥 체류를 줄여줄 대사를 얻으려는 희망에 찾아온 군 중이 '대사의 효력에 관한 95개 논제'를 보았을 것이다. 대사 는 죄를 사제에게 고백한 뒤에 그 죄에 부과된 형벌들(보속) 을 감해주는 것뿐인데도, 죄의 용서까지 보증해주는 것처럼 광고하고 있었다. 이로부터 몇 년 뒤에 루터는 그렇게까지 할 생각은 없었다고 주장했다. '나는 다만 대사에 대한 공격을 의도했다. 내가 보름스 제국의회에 있었을 때 누구라도 내게 "몇 년 뒤에 너는 아내와 너만의 가정을 갖게 될 것이다"라고 말했더라면, 나는 그 말을 믿지 않았을 것이다.' 사실, 95개 논 제는 대사 판매자들뿐 아니라 로마의 성베드로대성당 신축 비용을 충당하고자 대사를 허용한 교황도 공격했다. 어떤 논제들은 뻔뻔할 만큼 대담했다. 루터는 이렇게 썼다. '교황이 자신의 영혼을 담보로 내놓는다 해도, 대사를 통해 구원받을 수 있다는 믿음은 헛되다.' 그는 이렇게 물었다. 왜 교황은 가난한 신자들의 돈이 아니라 자기 자신의 돈으로 성당을 짓지 않는가? 그리스도인들에게는 가난하고 어려운 이들에게 베푸는 것이 대사를 사는 것보다 더 나은 행동이라고 가르쳐야 한다.

수많은 그림에서 루터는 1517년 10월 31일 비텐베르크성 성당 문에 95개 논제를 붙이는 반항적 수사의 모습으로 그려졌다. 그러나 루터 자신은 그러한 저항 행위에 가담했다고 말한 적 없다. 95개 논제를 붙이는 장면의 묘사는 필리프 멜란히톤이 만들어낸 것이다. 그는 그때 그 자리에 있지 않았으며, 루터가 죽은 뒤 그 일에 대해 기록했다. 1961년에, 가톨릭 신자인 역사학자 에르빈 이제를로Erwin Iserloh는 논제 게시에 대해 의문을 제기했다. 이제를로의 도전은 프로테스탄트 학자들의 항의를 불러일으켰으며, 루터가 다만 토론을 공지하려는 의도에서 했더라도 논제를 붙였다는 것을 증명하려는 시도들이 아직까지 이어지고 있다. 2006년에 마르틴 트로이Martin Treu는 루터의 비서였던 게오르크 뢰러Georg Rörer의 (1544년경 작성된 것으로 추정되는) 메모를 발견했는데, 거기에는 루터가 1517년 만성절 전날 비텐베르크에 있는 '교회들의' 문에 논제들을 붙였다고 주장하는 내용이 적혀 있었다.

　루터의 물어뜯는 듯한 비평은 예상치 못한 문제를 일으켰다. 마인츠의 알베르트Albert 대주교가 95개 논제를 로마에 전한 것이다. 그 또한 자기 교구 안에서 성베드로대성당 건립 비용을 충당한다는 미명 아래 대사를 판매하며 이득을 챙기고 있었다. 교황의 권위에 관한 논점이 곧 대사를 배경으로 밀어내버렸으며, 1581년 루터는 로마로 소환되었다. 선제후 프리드리히의 요청으로 루터는 로마 대신 아우크스부르크로 가게 됐는데, 그곳에 있는 토마스 카예타누스Thomas Cajetanus 추기경에게는 루터에게서 논제 철회를 받아내라는 로마의 지시가 내려와 있었다. 그러나 루터는 논제 철회를 거부했다. 루터를 당국에 넘기거나 작센 지방 밖으로 추방하라는 카예타누스 추기경의 요구를 선제후 프리드리히가 거부했을 때 주사위는 던져졌다. 교황 레오 10세는 대사에 대한 교황의 가르침을 확인하는 교서를 발표했으며, 충성스러운 신학자들은 신에게서 오는 교황권의 기원을 방어했다. 이 주제를 두고 1519년 라이프치히에서 루터와 요한 에크가 논쟁을 벌이게 되는데, 에크는 이 비텐베르크 사람을 자극해 후스를 옹호하도록 만들었으며, 이후 루터의 가장 집요한 적수가 됐다. 1520년 초, 루터에 대한 심리가 로마에서 재개되었고, 그해 6월 교황의 교서를 통해 루터를 파문하겠다는 위협이 이어졌다. 하지만 10월에 루터와 그의 지지자들은 이 교서를 불태워버렸다. 뒤이어 1521년 1월 3일 공식적인 파문이 신속히 이어졌다.

그사이, 루터는 광범위한 지지자들과 독일어 및 라틴어로 된 글을 상당량 축적해놓았다. 성사와 기도에 관한 독일어 소책자들을 출간하며 그는 인기 있는 종교 작가가 됐다. '95개 논제'조차도 독일 전역에서 돌았으며, 대사 판매가 경건한 독일인들을 착취하는 로마의 고약한 수단이라고 여기던 인문주의자들 사이에서 널리 읽혔다. 1520년, 루터가 이러한 착취와 다른 폐해들을『독일 그리스도교 귀족에게 고함An den christlichen Adel Deutscher Nation』에서 다루자, 그에 대한 정치적 지지도 더욱 커졌다. 이 무렵에는 대학교수들과 아우구스티노회 동료들도 그의 뒤를 받쳐주었다. 카를슈타트는 바젤에서 막 출간된 아우구스티누스의 작품 전질을 샀으며, 에크에 맞서 380개 논제를 다루는 논쟁을 촉발했다. 루터의 초기 동료였으며 이후에 개혁가가 된 니콜라우스 폰 암스도르프Nikolaus von Amsdorf는 루터와 카를슈타트를 동반해 라이프치히에 갔으며 보름스 제국의회에도 참석했다. 1518년 그리스어를 가르치러 비텐베르크에 와 있던 멜란히톤은 곧바로 루터의 숭배자가 되었다. 멜란히톤은 이들 중 가장 재능 있는 학자였으며, 종교개혁을 지지한 더 젊은 세대의 인문주의자였다.

외부에서 오는 후원 말고도 마르틴 루터는 자신의 삶과 학문에서 두 가지 깨달음을 얻었기 때문에 개혁가가 될 수 있었다. 그 깨달음 중 하나는 보름스 제국의회보다 먼저 얻었으며, 다른 하나는 그뒤 바르트부르크에서 얻었다. 첫번째 깨달음은 루터가 자신이 죽던 해에야 알리기는 하지만, 종교개혁의 신학적 근거가 됐으며, 보통 루터의 '종교개혁 발견'이라 부르는 것이다. 루터의 회상에 따르면, 그는 바오로가 로마서(1:17)에서 하느님의 의로움righteousness 또는 정의justice 는 율법이 아니라 복음에 계시되어 있다고 한 의미를 여러 차례 고찰한 끝에 겨우 이해했다. 그 앞에 나오는 구절들에서 바오로는 문자 그대로 '기쁜 소식'이란 뜻의 복음에 대해, 신자들을 구원한 하느님의 권능으로 정의하고 있다. 그래서 루터는 하느님의 정의가 어떻게 '나쁜 소식', 곧 그가 충족시키려고 노력했으나 성공할 수 없었던 의로움에 대한 위협적 기준이 될 수도 있는지 이해할 수 없었다. 이 문제는 신학에 관한 것일 뿐만 아니라 개인에 관한 것이기도 했으며, 그에 대한 해답은 결국 새로 태어나는 것인 듯했다.

나는 하느님의 의로움이란 말을, 의로운 이들이 하느님의 선물에 의해 살았음을 의미하는 것으로 이해하기 시작했다. 이는 수동적인 의로움이며, 이 의로움에 따라 하느님은 신앙을 통해 우리를 의롭게 하신다. 성경에 '믿음으로 의로운 자들은 살리라'(하바쿡 2:4)라고 쓰인 그대로다. 나는 내가 완전히 다시 태어나, 열린 문을 통해 낙원에 들어갔다고 느꼈다.

여기서 논의되는 신앙이란, 메시아 예수 안에서 이뤄진 하느님의 약속들을 믿는 것이다. 이러한 신앙은 단식, 순례, 성인들에게 바치는 기도, 특별 미사를 비롯하여, 중세 신자들이 스스로 의롭게 하거나 하느님께 받아들여지도록 행했던 다른 방법들을 대체하는 것이었다. 그러므로 루터의 통찰은 지배적 신학만이 아니라 중세 그리스도교를 특징짓던 신심 행위들 대부분을 약화시키는 것이었다.

> 루터의 오래된 전기들에선, 바오로가 의미한 복음의 의미를 깨닫게 된 사건을 '탑 체험tower experience'이라고 부른다. 이 깨달음이 비텐베르크에 있는 아우구스티노회 공동체의 탑 안에서 일어났다고 여기기 때문이다. 『탁상담화』에서 루터는 깨달음을 얻은 장소에 대해 수도원의 탑과 'cl.' 두 곳을 지목했다. 어떤 학자들, 특히 정신분석학 해석을 좋아하는 이들은 cl.을 클로아카cloaca 곧 화장실이라고 읽고 루터의 깨달음을 육체와 감정 모두의 방출과 연결해서 장면을 재구성했다. 최근 연구에서는 탑 체험이란 개념을 폐기했다. 루터가 회상의 끝에서 강조했던 것은 '자신이 얼마나 열심히, 얼마나 오랫동안 성경을 이해하고자 노력해왔던가'라는 것이지,

얼마나 갑작스레 답을 찾게 되었는가 하는 것이 아니었다. 클로아
카는 지상의 실존 일반이나, 하느님을 기쁘게 해드린다는 희망 없
이 살아가는 고통을 폄하하는 은유로 사용되어왔다.

두번째 깨달음은, 루터가 아버지에게 헌정한 편지에 묘사
돼 있는데, 이 편지에는 수도 서원을 거부한다는 내용이 장황
하게 쓰여 있다. 1521년 11월 바르트부르크에서 작성된 이
편지는, 수도자가 되기로 결심함으로써 아들을 위해 훌륭한
혼처와 직장을 마련해놓은 아버지의 계획들을 뒤엎은 데에
대해 루터가 느꼈던 후회를 해소해주었다. 루터의 첫 미사 이
후 둘 사이의 유쾌하지 못한 만남은 루터의 마음에 무겁게 남
아 있었지만, 이제 그는 아버지의 실망이 다만 사랑하는 아들
에 대한 관심의 표현이었으며, 더욱이 아버지가 옳았다는 것
을 깨달았고, 부모를 공경하라는 네번째 계명에 순종했어야
했노라고 썼다. 그러나 아버지가 그를 수도원에서 끌어내 올
수는 없었으므로 하느님이 개입해 그를 해방하고 '교황이 아
니라 그리스도의' 새로운 피조물로 만드셨다. 그것이 다는 아
니었다. 루터는 또한 자신이 경험한 것과 똑같은 자유를 다른
자녀들에게도 가져다줄 운동을 이끌도록 부름받았다고 믿었
다. 루터는 아버지에게 아래와 같이 표현했다.

〔그리스도께서〕 나를 통해 그분의 다른 많은 자녀를 도우시고
자 아버지 당신에게서 아들 한 명을 채가신 것이기를 희망합니
다. 그리고 나는 당신께서 이 일을 기꺼이 허락하셔야 하며, 실
제로 그렇게 해주시리라는 것을 압니다. 그뿐만 아니라 이 일
을 두고 크게 기뻐하시리라고 확신합니다!

　루터는 이러한 부르심에 추동되어 선제후 프리드리히를
거역하고 비텐베르크로 돌아와 태동하는 개혁을 이끌게 되
었으며 이것이 유럽의 종교개혁이 되었다.

제 3 장

개혁을 위한 노력

1522년 3월 6일, 시의회에서 그에게 새로운 수도복을 지어 입도록 피륙 한 필을 주기로 결정한 바로 그날, 루터는 비텐베르크로 돌아왔다. 넉 달 전에 표현한 '여전히 수도자이면서 이제 수도자가 아니다'라는 모순된 감정에 걸맞게, 루터는 복음주의 운동의 지도자이면서 1524년까지 수도복을 입고 있었다. 그에게 혼자서 개혁을 성취하리라는 환상 따위는 없었다. 바르트부르크에서 쓴 편지에서 루터는 멜란히톤과 다른 동료들에게 비텐베르크 너머까지 그들의 메시지를 전하라고 촉구했다.

여러분은 설교를 합니다. 암스도르프도 설교를 합니다. 요나스도 설교할 것입니다. 여러분은 하느님의 나라가 오직 여러분의 도시 안에서만 선포되기를 바랍니까? 다른 사람들은 복음이 필요하지 않습니까? 여러분의 안티오키아Antiochia(현재 터키 남부에 위치한 도시로 로마제국의 대도시였으며 초기 그리스도교가 성장한 중심 도시였다. 사도행전의 주요 배경 중 하나로, 사도 바오로를 비롯한 다른 선교사들에게 선교여행의 근거지 역할을 했다—옮긴이)에서는 성령의 다른 활동을 위하여 바오로나 실라스나 바르나바를(실라스와 바르나바는 모두 바오로와 함께 선교여행을 했던 조력자이자 동료 선교사였다—옮긴이) 보내려 하지 않는 것입니까?

사도행전에 나오는 뛰어난 선교사들을 언급하고, 비텐베르크를 안티오키아에 비유한 것은 루터가 종교개혁을 비텐베르크에서 지시받는 선교 사업으로 구상하고 있었음을 보여준다. 루터는 비텐베르크에서 지도자로서 지위를 확립하고 정의해야 했다. 1522년 3월 9일, 시市 교회에서 루터는 그의 동료 카를슈타트가 정립했던 개혁의 속도와 방향을 어떻게 바꿀지 설명하는 여덟 번의 설교 중 첫번째 설교를 했다. 인보카비트Invocavit 설교(교회 전례력에서 사순시기의 첫 일요일을 부르는 명칭을 따라 붙은 이름)라 불리는 이 일련의 설교들은 예배와 신심 행위의 갑작스러운 변화들로 불쾌하고 혼란스

러워진 평신도들에게 더 큰 동조를 얻어내고자 설파한 것이
었다. 이러한 동조를 얻으려면 한동안 개혁의 속도를 늦출 필
요가 있었다. 카를슈타트는 힘써 자신이 취한 조치들을 옹호
했으나 루터에게 주도권을 넘기는 것 말고는 다른 선택의 여
지가 별로 없었다.

　루터에게 지체하려는 의도는 없었다. 그의 역사신학에 따
르면, 개혁의 순간은 움켜잡아야만 하는 것이었다. 하느님
말씀과 은총은 언제나 지나가는 소낙비와 같아서, 원래 왔
던 자리로 다시는 돌아오지 않는다고 그는 썼다. 1522년과
1530년 사이에 비텐베르크에 있었던 그와 그의 동료들은 긴
박감을 느끼며 결정적인 질문들에 대한 해답을 찾아야 했다.
사적인 미사들을 얼마나 빨리 폐지해야 할까? 성찬례에서 빵
과 포도주 모두를 평신도에게 주어야 할까? 각 본당에서 새
로운 전례를 언제부터 시행해야 하는 걸까? 이제는 성직자
의 독신이 의무화되지 않고, 분쟁을 해결하는 데 교구 법정을
이용할 수 없게 됐으니, 앞으로 혼인을 어떻게 정의하고 규제
해야 할까? 제후들과 시의회들이 황제에 대항하며 종교개혁
을 지지하는 상황에서 그리스도인들은 어느 정도까지 세속
권력에 복종해야 할까? 수도서원은 금지돼야 할까? 그렇다
면 수도원을 떠나지 않은 수사와 수녀들에 대해서 어떤 규정
을 마련해야 할까? 루터가 생각한 대로 세상의 종말이 그토

록 가까이 와 있다면 평신도들은 자신의 개인적인 일들과 사업상의 일들을 어떻게 다뤄야 할까? 이 마지막 질문에 답하고자 루터는 산상수훈(마태오복음서 5장~7장에 나오는 예수의 핵심적 가르침—옮긴이)에 호소했으며 그리스도인들은 이자를 받아서는 안 된다고 결론지었다. 그러나 시민 행동에 대해서 루터는 좀더 실용주의적으로 접근했으며, 통치자에게 복종하라고 명한 로마서 13장을 인용하며 예수의 가르침('악에 저항하지 말라')을 완화했다. 그리고 진정한 그리스도인들은 악을 행하지도 않고 자신들에게 저질러진 악에 저항하지도 않을 것이므로 정부가 필요하지 않다고 썼다. 그러나 그는 이상적인 그리스도인의 삶을 사는 신자들은 거의 없으며, 따라서 악을 억누르려면 세속 권력이 필요하다는 것을 깨달았다. 1523년 루터는 다만 시민의 의무에서가 아니라 그리스도인의 사랑에서 가난 구제와 복음 설교와 교육을 위해 성직자와 수도원의 재산을 전용轉用하도록 주민들에게 권고했다.

일련의 사건들이 일어나면서 루터는 논란의 여지가 많은 입장들을 취하게 되었다. 1525년 독일농민전쟁이 일어나자 그의 입지는 매우 위태로워졌다. 그는 한편으로 평범한 민중의 불만이 옳다고 선언했으나, 다른 한편으로는 그들이 목표를 이루고자 폭력을 쓰는 데 반대했다. 그러나 그의 영주와 다른 영주들이 혁명을 진압하는 데 가혹한 수단들을 쓰는 것은 옹호했으므로 민중에게는 통치자들의 종이라 비난받았다. 오스만튀르크가 1526년 헝가리에서 그리스도교 군대를 격파하고 1529년 빈을 포위하자, 루터는 이 전쟁이 십자군 전쟁으로 변질되지 않고, 병사들이 오직 자신의 이웃들과 사랑하는 이들을 방어하고 있음을 이해한다면 그리스도인들은 군인이 될 수 있으며, 튀르크인들에 맞선 전쟁은 정당하다고 주장했다. 1520년 말 교황 레오 10세에게 써 보낸─바로 얼마 뒤에 교황은 루터를 파문한다─『그리스도인의 자유Von der Freiheit eines Christenmenschen』에서 루터는, 이상적인 그리스도인이란 믿음으로는 가장 자유로운 모두의 주인이 되어 누구에게도 종속되지 않으며, 사랑으로는 모두의 종이 되어 누구에게나 종속된 사람이라 묘사했다. 그러나 1520년대의 예상치 못한 분쟁들에 이러한 틀을 적용하기란 매우 어려운 일이었다.

그 10년 동안 루터는 또한 자기 진영 안팎에 형성된 분파들에 대응하느라 바빴다. 카를슈타트, 울리히 츠빙글리, 재再세례파(Anabaptists: 16세기에 활동한 여러 프로테스탄트 집단 중 하나로, 유아세례를 부정하고 성인들은 다시 세례를 받아야 한다고 주장했으며, 그리스도교적 공산사회를 추구했다─옮긴이)가 루터에게 도전했는데, 이들 각각은 루터가 받아들일 수 없는 방식으로 성사를 행하고 해석했다. 카를슈타트는 비텐베르크를

떠난 뒤에 대학에서 직위를 내놓고 오를라뮌데Orlamünde라
는 도시에 정착해, 비텐베르크에서 구상했던 그리스도교 공
동체로 도시를 바꿔놓았다. 그는 유아세례를 중단했으며, 제
의를 입지 않은 채 단순한 성찬례를 독일어로 거행했다. 그리
고 루터를 겨냥한 소책자들을 발간해, 십자가 위에서 한 번 획
득된 구원이 성사를 통해 매개되어야 함을 부정하는 영성 신
학을 정립했다. 이에 대해 루터는 십자가의 보물들을 공적으
로도 사적으로도 전해주는 하느님 은총의 외적 수단으로서
설교와 성사를 옹호했다. 카를슈타트는 또한 성만찬을 제정
하는 예수의 말씀(예수가 죽기 전날 밤 제자들과 함께 마지막 만
찬을 하면서 빵과 포도주를 제자들에게 나눠주며 '받아먹어라, 이는
내 몸이다', '이 잔을 마셔라, 〔……〕 내 계약의 피다'라고 말했다는 복
음서 내용. 마태오복음 26:26~30, 마르코복음 14:22~26, 루카복음
22:14~20 ─옮긴이)이 문자 그대로 성찬례의 빵은 예수의 몸
이 되고 포도주는 그 피가 된다는 것을 의미하지는 않는다고
주장했다. 이 지점에서 취리히에 있던 루터의 상대자 츠빙글
리 또한 빵과 포도주 안에 실제로 그리스도가 현존한다는 루
터의 믿음에서 떨어져나갔다. 츠빙글리의 관점에서 예수는
자신의 말이 영적이고 비유적으로 이해되길 의도한 것이었
다. 빵과 포도주는 다만 인류를 구원하고자 십자가 위에 바친
그의 몸과 피를 함의할 뿐이었다. 성체성사는 십자가와 영적

인 합일을 이루는 것이지만 그리스도를 물질적으로 신비롭게 영하는 것은 아니며, 영성체를 통해 구원이 주어지는 것도 아니다. 1529년 마르부르크에서 딱 한 번 만난 츠빙글리와 루터는 이 사안에 대해 어떠한 합의점도 찾을 수 없었으며, 둘 사이의 균열은 프로테스탄트 종교개혁 안에서 개혁교회와 루터교 사이의 영구적 분열로 이어졌다.

그러나 두 개혁가는 재세례파에 맞서서 연합했다. 1525년 취리히에서 개혁 속도를 두고 의견이 엇갈려 재세례파는 츠빙글리와 결별했다. 비판하는 사람들이 보기에 츠빙글리는 너무 조심스러웠으며, 급진적인 추종자들이 비非성경적이라 여긴 유아세례는 교회를 시청과 비슷하게 만들고 그 관리들에게 종속되도록 하는 주범이었다. 1528년 루터는 신자들의 재세례에 반대한다고 발표했으며, 유아세례를 종교개혁 이전의 그리스도교에 있었던 훌륭한 특징이라 칭송했다. 믿음을 갖고자 하는 신중한 결정에 따라 세례를 받도록 하는 것은 구원의 기초를 인간의 선택이라는 움직이는 모래 위에 두는 것이며 하느님의 은총을 과소평가하는 것이었다. 인간의 결정에 한계가 있다는 것은 루터가 인문주의자 에라스무스를 반박하며 주장한 것이기도 했다. 에라스무스는 루터가 은총과 구원의 문제에서 자유의지를 부인한 것을 공격했다. 1525년 『의지의 속박De Servo Arbitrio』라는 표제의 논문에서 루터는 성령이 인간의 의지를 해방해 하느님을 믿도록 하기 전에 죄의 힘이 인간의 의지를 장악한다고 주장했다. 세례받은 신자라도 신앙을 살아 있게 유지하고 자신의 의지가 다시 죄로 떨어지는 것을 막아주시는 성령의 힘에 여전히 의존해 있다. 루터에게 결정적으로 문제가 되는 것은 그가 복음이라고 부른 그리스도교의 정수였다. 구원에 이르는 유일한 길은 그리스도에 대한 믿음이며 그 믿음은 성령의 선물이지, 인간이 중립적인 의지에 따라 자유롭게 선택한 것이 아니었다. 루터에겐 중립적인 의지란 존재하지 않았다. 루터가 가톨릭의 반대 세력들과 사적인 미사, 성지순례, 단식, 대사, 수도서원, 성직자의 독신, 자선 행위, 성인들에게 바치는 기도 등을 두고 벌이는 논쟁의 이면에도 같은 생각이 깔려 있었다. 이런 행위들은 인간의 자유의지로 하느님을 기쁘게 해 믿음만 있는 것보다 더욱 쉽게 구원을 얻도록 해주는, 신앙에 대한 보충물 또는 '선행'이라 홍보되었다. 루터와 그의 동료들은 이러한 행위들을 폐기하거나 교정해야 한다고 느꼈다. 하지만 그러려면 신자들이 그들의 신앙을 보살피고 표현할 수 있는 방법들을 새로이 제시하기도 해야 했다.

비텐베르크의 개혁이 독일 내부에 그치지 않고 동유럽과 스칸디나비아 지방으로 빠르게 퍼지면서 즉각적인 추동력이 더해졌다. 하나의 도시나 영지가 프로테스탄트로 돌아서면 세속 정부 당국에서는 루터교 예배를 위해 중세적인 미사를 금지하고, 사법기관에서 가톨릭 주교들을 배제했으며, 사제, 수사, 수녀들에게 결혼을 허락하고, 옛 신심 행위 대부분을 공적으로 금했다. 이러한 조치들은 각 제후국 안에서 교회령church orders이라 불린 새로운 종교 규약들을 통해 법률화되었다. 루터의 동료였던 요하네스 부겐하겐은 북부 독일과 덴마크에서 그러한 일에 대한 책임을 많이 맡고 있었다. 작센 지방과 그 주변에서 일어난 독일농민전쟁은 방치된 본당들과 혼란에 빠진 목회자들을 각성시켰다. 그들에게는 그들의 양떼를 프로테스탄트로 변화시킬 길잡이와 새로운 자료들이 모두 필요했다. 루터 자신이 가장 필수적인 안내서들을 펴냈다. 그는 성경 본문에 대해 설교하는 데 필요한 주해집이나 지침서,『독일 미사Deutsche Messe』에 있는 복음주의적 예배 순서, 성가집, 성경 번역본, 교리문답서(1529년에 나온 소형 및 대형 판본 모두)를 펴냈다. 교리문답서에서는 평신도와 성직자들을 위해 십계명, 신경信經, 주의 기도, 성사들을 설명해놓았다. 1528년에는 루터와 멜란히톤이 공동으로 작센 지방에 대한 임시적 교회령을 작성했다. 이 법령은 여러 팀으로 이루어진 조사관들이 작센 지방 본당들의 상황을 평가하고, 복음주의적 메시지를 가르치는 방법과 교회를 재조직하는 방법을 목회자들에게 가르치는 데 쓰였다.

 1530년 아우크스부르크 제국의회가 열리는 동안 제국의
법외자인 루터는 작센 지방의 남쪽 끄트머리에 있는 코부르
크 요새에 피해 있었다. 이 제국회의에서 카를 5세 황제는 루
터가 독일과 스위스의 개혁가들에게 요청하여 얻어낸 신앙
성명서를 거부했다. 비텐베르크의 개혁가들과 그 동맹들이
제출한 28개 조항으로 이루어진 이 성명서는 보통 아우크스
부르크신앙고백이라 불린다. 확장중인 자신들의 종교개혁운
동을 로마가톨릭교회와, 또 취리히와 제네바에서 등장하고
있는 프로테스탄트 개혁교회와 구분하고자 '루터교'라는 이
름을 점차적으로 쓰기 시작한 교회들은 이 성명서를 설립 문
서로 삼았다. 늘어나던 루터교 영역에 공작령인 작센 지방이
더해지자(이전까지 작센 지방의 절반은 로마에 충성했다) 비텐베
르크 편에서는 그보다 더 만족스러울 수 없었다. 1539년 루
터는 자신이 20년 전에 카를슈타트와 함께 요한 에크를 논박
했던 라이프치히에서, 가톨릭 신자인 게오르크 공작의 적대
적인 시선을 받으며 이 일을 경축했다. 루터는 토요일 설교에
서 자신이 지금 몸이 좋지 않고 그다음날인 오순절 축제에 해
당하는 복음 내용을 고수할 필요가 있다고 인정하면서 말문
을 열었다. 해당 성경 본문(요한복음 14:23~31)은 예수와 성
부 하느님께서 예수의 말씀을 듣고 그대로 지키는 모든 이들
과 함께 거하시리라는 확언으로 시작되었다. 루터는 이 본문

에서 위안을 얻고, 또한 교황과 교황의 교회에 대비되는 참된 교회에 대한 정의(예수의 말씀을 지키는 자들)도 발견했으며, 이로써 교황과 그의 교회를 규탄할 기력을 충전했다. 그는 다음날 오후, 후대에 음악가 바흐Bach 덕분에 유명해질 성토마스교회에서 설교했으며, 월요일에는 집으로 출발했다. 귀향길에는 요나스와 멜란히톤이 동행했으며, 새로이 프로테스탄트가 된 하인리히Heinrich 공작이 첫 30킬로미터 구간 동안 호위해주었다.

라이프치히 여행은 이후 그의 삶에서 정점을 이뤘지만, 1530년대에 비텐베르크 주변 목적지들을 향했던 짧은 여행들의 전형이기도 했다. 잠깐씩 병에 걸려 주기적으로 고생하면서도, 루터는 1535년을 제외하고 해마다 한 번 이상 이같이 여행했다. 선제후 요한 프리드리히의 저택을 방문할 때처럼 대부분의 여행에는 정치적 의제가 있기 마련이었지만, 1538년 10월에 요나스와 비텐베르크 경비대장 에라스무스 슈피겔Erasmus Spiegel을 동반하고 떠난 여행은 짧은 사냥 여행이었다. 이때 슈피겔은 토끼를 쫓다가 말에서 떨어져 죽었는데, 루터는 그 토끼가 사탄의 환영이었다고 생각했다. 선제후가 보길 원해서 다시 비텐베르크로 돌아가게 되었을 때는, 요나스가 신장결석으로 고통스러워하고 있었던 탓에, 루터 또한 떠나기를 주저했다. 루터는 집에서도 끊임없이 찾아오는 유명 인사들을 접견했다. 그중에는 마르틴 부처Martin Butzer, 볼프강 카피토Wolfgang Capito, 그리고 그들의 남부 독일 출신 동료들도 있었는데, 이들은 프로테스탄트 동맹을 강화하고 자 주님의 성만찬에 대한 합의를 이끌어내려 노력하고 있었 다. 루터는 건강이 좋지 않아서 그들에게 비텐베르크로 와달 라고 부탁했으나, 막상 그들이 도착했을 때는 먼저 협상할 의 향이 거의 없음을 내비쳤다. 그러나 놀랍게도 어느 쪽도 거의 또는 전혀 타협하지 않았는데 진정한 합의가 이뤄졌다. 루터 는 그리스도의 몸과 피가 빵과 포도주 안에 현존하며 빵과 포 도주를 통해 신자들에게 주어진다는 부처의 진술을 받아들 였다. '자격 없다'라는 말에 대해서는 서로 다른 의미를 품고 있었을 테지만, 부처와 루터 두 사람 모두 '자격 없이' 영성체 한 사람들도 그리스도의 몸과 피를 받은 것이라는 데 동의했 다. 이 신학자들은 서로 형제임을 선언했으며 함께 주님의 성 만찬을 거행했다. 이 합의 결과 하나로 통일된 프로테스탄트 진영이 형성된 것은 아니었다. 스위스 프로테스탄트들이 이 를 받아들이지 않았기 때문이다. 그러나 츠빙글리와 루터 사 이에서 흔들렸던 남부 독일 사람들은 이 합의 덕분에 북부 독 일의 루터교와 연합할 수 있게 되었다.

1535년 말, 공의회를 소집하려는 교황의 뜻을 루터가 어찌 받아들일지 알아보고자 교황 대사 베르게리오Vergerio가 비텐베르크에 왔다. 베르게리오는 호기심을 품고 성城안에서 부겐하겐 및 루터와 함께 조찬을 들며 사제 서품과 같은 그들 교회의 관례에 대해 물었다. 루터는 서품할 주교들이 없기는 하지만 목회자들에 대한 서품은 이미 재개되었음을 그에게 확실하게 알려줬다. 세 사람은 정감어린 농담을 나눴으며, 루터는 공의회가 열린다면 참석하겠노라 약속했다. 1536년 교황 바오로 3세가 이듬해에 만투아Mantua에서 공의회를 열겠다고 공포했다. 통치자들과 신학자들이 대표단 파견 여부를 결정하고자 1537년 2월 슈말칼덴에서 만났다. 교황 사절들이 제시한 공의회 소환장을 선제후 프리드리히는 무례한 방식으로 거부했다. 루터가 참석할 것을 권했지만, 그는 프로테스탄트측에서 공의회에 참여하는 데 확고부동하게 반대했다. 루터가 슈말칼덴의 모임에 대해 너무나도 잘 기억하게 된 것은, 그곳에서 심각하게 요로가 막혀서 고통스러워하다가, 의학적 처치조차 소용없어 결국 집으로 돌아오는 길에 갑자기 고통이 사라졌기 때문이다. 그때 그의 고통이 격심해서 신학 토론은 중단되어야 했으며, 모두들 그가 죽을까 두려워했다. 그의 일행은 에르푸르트와 바이마르를 거치는 길로 조심스레 돌아갔기에 비텐베르크에 도착하는 데 2주나 걸렸다.

비텐베르크에 돌아온 루터는 저술, 강의, 설교와 신학교 수단장으로서 직무를 수행하는 일정들을 전면 재개했다. 멜

EFFIGIES PHIL: MELANCHTHONIS · ANN · AET ·
XXX CZ̄ LVCA CRONACHIO PICTORE ·
· M · D · XXXVII ·

2. 필리프 멜란히톤(루카스 크라나흐 작作, 1537년).

란히톤, 부겐하겐, 요나스, 암스도르프 등 다른 친구와 동료들은 다른 지역에서 개혁에 관한 문제들을 다뤘다. 1531년의 갈라디아서 강의(1535년과 1538년에 출판)와 1535년부터 10년 동안 이어졌던 창세기 강의는 지금까지도 루터 신학에 대한 주요 출처가 되고 있다. 더 젊은 세대 학생들에게 강의하면서 루터는 그들에게 왜 종교개혁이 필요하며 이미 성취한 것들을 지키는 것이 얼마나 중요한가를 일깨워줘야 한다고 느꼈다. 1538년 그는 아우구스티노회 수사이자 학생이었다가 이제 브레멘의 개혁가로 거듭난 야코부스 프롭스트Jacobus Probst에게도 열심히 일해야 할 이유들을 제시해주었다. 그는 '노고에 지쳐 기진맥진한 늙은이'였으나, 새로운 이단 분파들이 계속해서 그에게 맞서 일어서고 있었으므로 오히려 날마다 더 젊어졌다. 6년 뒤, 루터는 토르가우에 있는 작센 지방 통치자의 성에 채플을 새로 지어 봉헌하는 기쁨을 누렸다. 이 채플은 명확히 루터교의 예배 장소로 지어진 최초의 교회 중 하나로, 예배의 중심인 설교를 강조하고자 설교대를 가운데에 배치하고, 그 주위를 둘러싸는 형태로 건물을 설계했다. 채플의 깨끗한 기둥들은 루터의 친구인 루카스 크라나흐Lucas Cranach의 작업실에서 가져온 그림들로 장식했다. 성만찬을 위한 탁자 위쪽의 돌출 벽에는 작센 선제후들의 성가대 지휘자이며 초기 종교개혁 음악 작곡가 요한 발터Johann Walther의 작품들을 위한 오르간을 설치했다. 루터는 예수가 그를 따르는 이들에게 편리한 때와 장소에 모여 예배드릴 자유를 주었다고 확신했다. 이러한 정신에 따라 이 채플은 성 안에 있지만 궁정 사람들에게만 열린 특별 교회가 아니라, 오고 싶어하는 사람들 모두를 받아들이는 예배 장소가 되었다. 실제로, 그는 사람들이 바깥 분수 곁에서도 설교할 수 있을 거라고 말했다.

그의 후기 저술 중 많은 작품을 특징짓는 거친 어조 뒤에는 이 모든 것을 잃을 수도 있다는 두려움이 있었다. 1544년 루터는 교회를 위해 끊임없이 기도하라고 훈계했다. 교회가 커다란 위험에 맞닥뜨렸다고 보았기 때문이다. 한편으로 어떤 두려움은 실제로 타당한 것이었음이 드러났다. 1540년대에 가톨릭교회가 소집한 트리엔트공의회는 로마 스스로 진심어린 개혁 의사를 타진했으며, 인내심이 바닥난 황제 카를 5세는 독일 프로테스탄트들을 강제로 교황권 아래 몰아넣기로 결심했다. 하지만 다른 한편으로 루터는 그의 적들이 가하는 위협을 과장하기도 했다. 루터는 그들에게 복음의 원수들이라는 딱지를 붙이고 도매금으로 취급했다. 그는 튀르크인, 유대인, 교황주의자, '성찬형식주의자sacramentarians'(자신의 성찬례에 대한 견해에 반대하는 프로테스탄트)들을 루터파 운동이 밝혀낸 진리를 파괴하려는 악마의 앞잡이라고 비난했다. 중부

3. 토르가우Torgau성에 있는 루터교회의 설교단, 1544년.

유럽까지 여러 차례 진격해 들어온 오스만튀르크는 진짜 불
안을 초래했다. 그러나 루터와 다른 개혁가들이 유럽에 있는
유대인들에 대해 느낀 우려는 비합리적이었다. 이러한 우려
는 유대인들이 복음주의 메시지에 설득되어 대규모 개종이
일어나리라고 순진하게 기대했다가 실망한 것과 더불어, 이
미 유대인들을 박해하고 추방하는 결과를 낳았던 중세 후기
유럽의 반反유대인 분위기에서 비롯한 것이었다. 1546년에
루터는, 1521년에 그러했듯이, 종교개혁을 하느님의 사업으
로 여겼으며 자기 자신은 악마에 장렬히 맞서 싸우는 하느님
의 대리자라고 보았다.

　1546년 2월 18일 이른아침, 루터는 자신이 태어난 아이
슬레벤에서 눈을 감았다. 만스펠트의 공작들 사이에서 일어
난 분란을 성공적으로 중재한 뒤였다. 루터가 묵고 있던 곳
은 루터의 아버지같이 뛰어난 제련업자였으면서, 또한 법을
공부하고 법정 고문이 된 필리프 드라흐슈테트 박사Dr Philip
Drachstedt 소유의 집이었다. 친구 유스투스 요나스와 만스펠
트의 목사 미하엘 코엘리우스Michael Coelius의 증언에 따르면,
루터는 그의 신앙을 고백한 뒤 평화롭게 생을 마감했다. 시신
이 비텐베르크로 돌아오기 전에, 밀랍으로 얼굴의 본을 떴으
며 사후 초상화 제작을 위해 밑그림을 그렸다. 부겐하겐이 설
교하고, 조문객들에게 '우리는 훌륭하고 충실한 아버지를 빼

앗긴 고아와 같다'라고 말한 멜란히톤의 추도사가 이어진 뒤,
루터는 비텐베르크의 성城교회 설교단 근처에 묻혔다. 그 이
전에 멜란히톤은 불 병거를 타고 승천한 엘리야(열왕기 하권
2:12)를 암시하는 방식으로 학생들에게 루터의 부고를 전했
다. '세상의 마지막 때에 교회를 인도했던, 이스라엘의 병거
를 모는 전사가 떠나갔습니다.'

제 4 장

루터의 성경

마르틴 루터가 살아 있었다면, 결코 자신이 번역한 성경에 자기 이름을 붙이지 않았을 것이다. 그러나 이번 장의 제목을 '루터의 성경'이라고 한 데는 이유가 있다. 루터는 다른 어떤 책보다 성경에 더 많은 시간을 쏟았으며, 그와 그의 동료들이 만든 독일어 번역본은(여전히 루터성경Lutherbibel이라 불리며) 거의 500년 동안 문화적 표상으로 계속 남아 있다. 루터가 직접 번역한 신약성경은 바르트부르크에서 3개월도 안 돼 완성한 것으로, 당시에 이미 베스트셀러가 되었다. 1522년 9월 출판한 뒤로—그래서 '9월 성경'이라 알려졌다—석 달 동안 3000부에서 5000부가 팔렸고 12월에 재판 인쇄에 들어갔으며 다음 12개월 동안 100판을 넘겼다. 비텐베르크 성경이 나오는 1534년 이전까지, 루터의 신약성경은 20만 부가량 배포됐다.

그럼에도 루터는 자신의 번역본을 유일하게 적법한 번역본으로 여기지 않았다. 그는 다른 학자들의 도움을 업신여기지도 않았고, 그들이 스스로 성경을 번역하는 것 또한 말리지 않았다. 에라스무스가 신약성경의 그리스어본과 라틴어본을 각각 1516년과 1519년에 출간하자, 루터는 이 번역본들을 자신의 연구와 번역에 사용했다. 1521년 말 루터는 바르트부르크에 피신해 있으면서 아우구스티노회 수사인 요한 랑에게 이렇게 써 보냈다.

나는 부활절 때까지 이곳에 숨어서 지낼 것이네. 그동안 성경 설교집을 쓰고 신약성경을 우리말로 번역할 계획일세. 이는 우리 벗들이 바라는 것이네. 나는 자네 또한 같은 일을 하고 있다고 들었다네. 시작한 대로 계속하게. 도시마다 그 도시의 번역자가 나오길! 그리고 이 책이 모두의 언어와, 손과, 눈과, 귀와, 마음에서 발견될 수 있기를!

루터가 언급한 설교집이란 일요일 및 교회 전례력의 축일을 위해 지정된 성경 본문들에 관한 읽을거리와 설교 지침들을 말하는 것이었다. 루터는 자신의 말을 지켰고, 1521년과

1522년에 처음으로 대림 시기와 성탄절에 쓰이는 설교집 세 질이 나왔다. 그가 죽기 전에 설교집 일곱 질이 더 나와서 편집·출판되었는데, 그중 일부에는 복제본과 개정본들이 들어 있었으며 루터가 직접 집필하지 않은 자료도 들어 있었다. 루터가 이들을 설교의 본보기로 내세우려 했던 것은 아니었다. 이들은 그 형태와 길이가 상당히 다양했으며 신도들에게 그대로 읽어주기에는 적합하지 않았다. 하지만 어떤 짤막한 부분들은 아래에 나오는 루터판版 크리스마스 이야기처럼 상상력이 풍부했으며, 생동감이 있었다.

〔마리아와 요셉이〕 베들레헴에 왔을 때, 그들은 매우 하찮고 무시당하는 사람들이었다. 그들은 어쩔 수 없이 다른 사람들 모두에게 방을 양보해야 했다. 그들이 안내받은 곳은 마구간이었으며, 방과 탁자와 침대를 동물들과 같이 써야 했다. 그러는 동안 여관 안에서는 수많은 악당들이 상석을 차지하고는 신사 대접을 받았다. 어느 누구도 하느님이 마구간에서 하시고 있는 일을 눈치채지도, 이해하지도 못했다. 하느님께서는 큰 집들과 비싼 방들이 텅 빈 채 남아 있게끔 허락하셨다. 그분은 사람들이 먹고 마시고 즐기도록 놓아두셨다. 그러나 〔구유에 있는〕 위안과 보물은 그들에게 감춰져 있었다. 베들레헴 위로 내린 밤이 얼마나 어두웠던지, 그들은 그 빛을 볼 수 없었다.

루터는 또한 성경의 많은 부분, 특히 그와 다른 수도승들이 날마다 노래했던 시편을 외워 알고 있었다. 그는 34년에 걸쳐 성경 안의 여러 책들에 관해 강의했으며, 자신의 기억에서 끌어와 인용한 성경 구절의 상호 참조들이 강의 안에 가득했다. 그러나 그런 인용들은 히브리어든, 그리스어나 라틴어든, 또는 독일어든 정확히 성경 구절 그대로는 아니었다. 실제로, 루터는 성경을 번역하면서 한 구절의 의미를 강화하고자 원문에 단어 하나 더하는 일을 꺼리지 않았다. 논쟁이 되는 뚜렷한 예는 로마서 3장 28절에 '오직'이라는 단어를 덧붙인 것이다. '사실 사람은 율법에 따른 행위와 상관없이〔오직〕믿음으로 의롭게 된다고 우리는 확신합니다.' 단어를 추가한 데 대한 비판에 대응해, 루터는 그것이 다만 본문의 의미를 전달하는 것일 뿐 아니라 훌륭한 독일어이며 번역한 문장을 더 명확하고 박력 있게 만들어준다고 주장했다. 번역본은 그리스어나 라틴어가 아니라 독일어로 되어 있어야 하므로, 번역자는 라틴어 원문에 대고 어떻게 훌륭한 독일어를 할 수 있는지 물을 게 아니라, '집에 있는 아이 엄마, 길에 있는 아이들, 장터에 있는 보통 사람들에게' 지도를 받아야 하는 것이다.

루터가 언제나 글자 그대로 번역한 것은 아니더라도, 성경 본문은 여전히 진지하게 다뤘다. 루터는 개인의 의견들을 뒷받침하기 위해 '밀랍으로 만든 코'나 '휘어지는 갈대'와 같이 성경을 변형할 수 있다고 생각하지 않았다. 그리스어나 히브리어로 된 구절을 독일어로 말하도록 함으로써 그 본뜻을 강화하는 것은, 번역자의 의견에 맞춰 그 구절에 이질적 의미를 가져다 넣는 것과는 달랐다. 그러나 히브리어나 그리스어 구절이 해석하기 어렵거나, 이 언어들로 기록된 고대 필사본들이 서로 일치하지 않을 때는 구절의 정확한 의미를 파악하기 힘들 수도 있다. 그 의미를 찾고자 '자신의 능력을 넘어'서는 과업이라고 스스로 인정했던 신약성경 번역 작업을 할 때도, 루터는 자신의 언어 능력에만 의지하지 않았다. 에라스무스의 라틴어 번역본 말고도, 1522년에 이미 인쇄되어 나와 있던 독일어 성경 18종 중 적어도 한두 개를 참고했다. 비텐베르크로 돌아가기 전, 루터는 자신이 번역한 성경 일부를 슈팔라틴Georg Spalatin에게 보냈으며, 슈팔라틴은 그 번역 원고를 새로운 그리스어 교수인 멜란히톤에게 보냈다. 3월에 비텐베르크로 돌아온 루터는 멜란히톤과 함께 초안을 다듬어 그해 9월에 독일어 신약성경을 출판했다.

　구약성경을 번역하는 동안, 동료 사이에서 협력이 더 많이 이뤄졌다는 것이 눈에 띈다. 1520년대에 루터는 멜란히톤 및 마태우스 아우로갈루스Matthäus Aurogallus와 팀을 이뤄 일했다. 아우로갈루스는 1521년 히브리어 교사로 비텐베르크에 왔으며, 때맞춰 번역 작업에 참여할 수 있었다. 멜란히톤과 아우로갈루스 두 사람 모두 루터보다 히브리어를 잘 알았다. 그러나 시편 강의를 두 번이나 하고 1517년에 나온 참회 시편 일곱 편을 번역하면서 설명을 준비하는 동안 루터의 번역 실력도 향상돼 있었다. 구약성경의 번역 작업은 이들이 힘을 합쳤음에도 더디게 진행되었다. 욥기는 너무 어려워서 나흘에 겨우 석 줄을 번역할 정도였다. 그래서 구약의 어떤 책들은 따로따로 나왔다가, 1534년 비텐베르크에서 완전한 독일어 성경을 출판할 때 합본으로 엮여 나왔다. 그 무렵에는 이미 시편 전체가 서너 판본으로 나와 있었고, 그중에서 가장 좋았던 것은 1531년에 나온 것으로, 이 번역팀이 열여섯 차례 오후와 저녁에 회동해 최종 교정을 거친 뒤 출판한 것이었다. 이 번역본을 옹호하고자, 루터는 '우리는 때로 매우 축자적으로 번역했는데 — 다른 방식으로 했다면 의미를 더 명확하게 만들 수 있었음에도 — 이는 모든 것이 바로 그 단어들에 달려 있기 때문이었다'라고 말했다. 교회 전례에서 그리스도의 승천과 관련짓던 구절인 '당신께서는 포로들을 거느리시고 높은 데로 오르셨으며'(시편 68:19)를 예로 들었다. 독일어답게 번역하려면 이 부분을 '당신께서는 포로들을 자유로이 풀어주시고'라고 옮겼어야겠지만, 그런 번역은 그리스도가 종들을 풀어주었을 뿐만 아니라 강력한 죄의 힘을 물리치고 영원한 구원을 가져왔다고 하는 '히브리어의 섬세하고 풍부한 의미를 전달'하지 못한다는 것이 루터의 생각이었다.

최초의 완역본 독일어 성경은 1534년 비텐베르크의 한스 루프트Hans Lufft의 인쇄소에서 나왔다. 1546년 이전에 루프트는 12판까지 찍었으며 그중에서 루터와 그의 팀이 가장 철저하게 교정한 것은 1541년도 판이었다. 루터가 죽기 전이나, 죽은 후에도 상찬은 대부분 그에게 돌아갔다. 첫 판본이 나온 직후, 개혁가 안톤 코르비누스Anton Corvinus는 '당신, 친애하는 루터의 손을 거쳐' 이전보다 더 훌륭하게 번역된 독일어 성경이 나왔다는 데 대한 흥분을 감추지 않았다. 루터의 장례식에서 멜란히톤은 추도사를 통해, 성경을 그토록 명확하게 독일어로 번역함으로써 수많은 주해집들이 할 수 있었던 것보다 더 많은 빛을 미래 독자들에게 가져다줄 수 있었다며 개혁가 루터를 칭송했다. 완역본 성경에는 신·구약성경 및 외경(外經, Apocrypha)을 비롯해 그 안에 있는 다양한 개별 책들에 대해 루터가 쓴 머리말들이 들어 있다. 이 머리말들에는 성경을 읽고 해석하는 데 대한 그의 가장 우수한 논평들이 실려 있으며, 성경을 펼치는 사람이라면 누구나 그 논평들을 이용할 수 있었다. 책의 여백에는 루터가 자신의 번역을 옹호하고 본문에 대한 설명을 덧붙이고자 달아놓은 함축적 논평들이 있었다. 루카스 크라나흐의 작업실에서는 삽화로 넣을

목판화 120점을 기부했다. 이 그림들은 2003년 수작업으로
아름답게 채색되어 두 권짜리 복제본으로 나왔다.

　'루터의 성경'이란 표현은 또한 그가 성경을 해석하고 성경
의 권위를 바라본 방식을 이해하는 것과도 관련 있다. 루터는
한 구절에서 여러 층위의 의미를 추출해내는 중세적 도식을
물려받았으나, 이를 고수하지만은 않았다. 때에 따라 그는 유
비적 설명을 차용하기도 했으나, 대체로 축자적 해석이나 영
성적 해석 사이에서 맴돌았다. 후자의 해석은 그가 신약성경
의 저자들처럼 히브리어 성경의 구절들이 메시아 예수를 가
리키고 있다고 주장할 때 아주 명확히 드러난다. 이러한 구약
성경 해석은 신·구약 모두를 하나의 거룩한 성경으로 다루는
방식으로서 유서 깊은 것이었지만, 그리스도교 신자들이 레
위기와 같은 구약성경의 책들에 나오는 율법에 어떻게 반응
해야 하는지 구체적 지침들을 주지는 못했다. 루터의 일반적
답변은 간단명료하다. 구약성경이 자비와 구원에 대한 하느
님의 약속을 제시해주는 부분에선, 그것을 영광스레 여기고
그리스도에게 적용해야 한다. 신앙과 비신앙의 예들이 제시
되는 곳에서는, 그것들이 그리스도교 신자들에게 적용되는
것인지 아닌지 독자 스스로 질문을 던져야 하며 '그것들을 우
리에게 유익하게 사용'해야 한다. 하지만 루터는 그리스도교
전통에 따라, 십계명이 자연법에 합치되며 모든 이가 그 안에

서 자신들의 부족한 점을 볼 수 있도록 '인생의 거울'로써 기능한다고 믿었다. 그는 십계명을 해당 본문으로 사용해 수없이 설교했으며, 그의 교리문답서 첫 부분을 십계명에 대한 설명으로 구성했다.

그의 성경 해석에 시금석이 된 것은 복음서였다. 그는 복음서를 '가장 간단하게' 정의하자면, '하느님의 아들이시며, 우리를 위하여 인간이 되셔서 돌아가시고 부활하셨으며, 만물 위에 주님으로 좌정하신 그리스도에 대한 담론'이라고 했다. 복음서는 '성경에 있는 우리의 안내자이자 교사'였으며, 루터는 신구약 양쪽에 들어 있는 책들의 유용성에 등급을 매기는 데 이를 사용했다. 신약성경에 대한 머리말에서 그는 요한복음서와 바오로 및 베드로의 서간들을 다른 책들보다 높이 평가했다. 이 책들은 그리스도를 보여주었으며 구원에 대해 알아야 할 것을 모두 가르쳐주었다. 그러나 야고보서는 복음서의 내용을 아무것도 담고 있지 않다는 이유로 '지푸라기 서간'이라 불렀다. 악평하긴 했지만, 루터가 야고보서를 성경에서 제명해버리려던 것은 아니다. 오히려 야고보서와 유다서의 머리말에서는 야고보서를 칭송했다. 하느님의 법을 힘차게 선포하고, 좋은 경구들을 많이 담고 있다는 것이 이유였다. 그러나 루터는 야고보서를 사도들 중 한 사람이 썼다고는 믿지 않았으며, 성경의 주요 책들 가운데 하나로 꼽을 수

4. 구약 및 신약 성경, 『독일어 성경Biblia Germanica』 표제면, 1545년.

도 없었다. 따라서 1522년판 독일어 신약성경 목차에서는 야고보서와 히브리서, 유다서, 요한 묵시록을 다른 스물세 책들에서 크게 간격을 두고 아래쪽에 떨어뜨려놓았다. 이러한 사실이 루터가 자주 인용한 진술문을 가장 생생하게 보여주는 예다. '참되고 성스러운 책들은 모두 그리스도를 전하며 마음에 심어준다는 점에서 일치한다.' 성경 해석 방식에 대해 강한 신념과 명징한 확신이 있었던 데 견주어, 루터는 때때로 꽤 조심스럽거나 유연해지기도 했다. 갈라티아서에 대한 초기 강의들을 대대적으로 개정해 출판했을 때, 그는 슈타우피츠에게 책을 보내면서 다음과 같은 말을 덧붙였다.

존경하는 신부님, 제 어리석은 갈라티아서 강의록 두 부를 보내드립니다. 저는 이에 대해 처음만큼 기쁘지는 않습니다. 더 명확하고 온전하게 설명할 수도 있었다고 봅니다만, 어느 누가 모든 일을 한 번에 할 수 있겠습니까? 실제로, 그 누가 아주 많은 일을 꾸준히 계속해서 해낼 수 있을까요? 그럼에도, 비록 아직은 제 구미에 만족스럽지는 않지만, 이번에 나온 바오로 서간들은 이전보다 더욱 명확하게 번역했다고 자신합니다.

1521년, 루터는 자신이 아직 진행중인 작업이라 말한 시편 앞부분 스물두 편에 관한 강의록에 대해서도 비슷한 논평을 작성해 선제후 프리드리히에게 보냈다. 그는 자신이 언제나 올바른 해석을 찾아내는지 그렇지 않은지 판별하지 못한다는 것을 인정하면서도, 아주 유명한 해석가라도 시편 한 편의 의미조차 완전히 뽑아낸 적이 없노라고 주장했다. 성경을 해석하는 사람들 중에는 다른 이들보다 나은 사람들이 있긴 하지만, 그들 모두 어딘가 부족한 구석이 있었다. 루터는 시편에서 아우구스티누스가 보지 못한 것을 보고 있었으며, 루터 이후에 다른 사람들은 루터가 찾지 못한 것을 볼 것이었다. 루터를 비롯해 모든 이가 결국엔 모자란 곳이 있기 마련이므로, 해석가들에게 의지가 되는 것은 서로 돕고 부족하다고 생각되는 이들을 용서하는 것이었다. 사실, 어느 누가 시편 한 편을 완전하게 이해했노라 감히 확신할 수 있겠는가? 루터는 다른 곳에서도 우리의 삶이란 '시작하는 삶이고 성장하는 삶이지, 완성하는 삶은 아니다'라고 썼다. 그는 1539년판 독일어 작품집 1권 머리말에서, 자신이 받았던 수도회의 양성에 위배되는 성경에 대한 자신의 접근법을 기도oratio, 묵상meditatio, 시험tentatio이라는 세 단어로 요약했다. 성경의 한 구절을 해석하려 할 때는 먼저 성령의 지도를 구하는 기도를 드리고, 묵상을 통해 원문의 단어들을 마음에 고정하고 나서, 개인적 곤경이나 다른 이들의 공격을 피하지 말아야 한다. 여러 시험은 '모든 진리 위의 진리이신 하느님의 말씀이 얼마나 진실되고, 달콤하고, 사랑스럽고, 강력한지 알고 이해할 뿐만 아니라 경험'할 수 있도록 가르쳐줄 것이다. 이는 교황청과 다른 신학자들에 대한 루터 자신의 경험을 염두에 두고 한 말이었다. 루터는 그들이 자신을 그토록 많이 두들기고, 억누르고, 괴롭힌 것에 '깊이 감사한다'고 선언했다. 그들 덕분에 자신이 그렇지 않았더라면 되지 못했을 '상당히 훌륭한 신학자'가 되었다는 것이었다.

이러한 언급들로 인해 성경의 권위가 매우 주관적으로 보이게끔 되었으며, 실제로도 그랬다. '오직 성경Sola scriptura'이란 말은 어떤 이들에게는 프로테스탄티즘의 표어가 되었지만, 루터에게는 성경이 모든 쟁점에 대해 배타적 권위를 지닌다거나 모든 질문에 대해 명백하게 객관적인 해답을 제시한다는 의미가 결코 아니었다. 다만 교회 안의 쟁점에 관해 성경이 최고의 권위를 지닌다는 의미였다. '오직 성경'이라는 문구는 성경이 초기 신학자들의 의견과 교회법의 규칙들, 공의회와 교황에게서 나온 교령들보다 우위에 있다는 진술을 두고 교황 세력과 논쟁을 벌이는 과정에서 생겨났다. 양측 모두 한 번쯤은 이러한 성경 외의 권위들에 의존했다. 루터는 1518년 카예타누스 추기경 앞에서 자신의 입장을 변호하며, 성경 구절들 말고도 아우구스티누스와 클레르보의 베르나르 Bernard de Clairvaux(12세기에 활동한 성인. 봉쇄수도회인 시토회 수사였으며 클레르보 수도원의 원장이 되어 시토회의 개혁과 확장에 큰 몫을 했다―옮긴이)의 문장을 인용했다. 그러나 루터에게, 결정적 증거는 성경에서 왔다. '하느님의 진리 곧 성경이 교황 위에 있는 스승이다. 하느님의 판단을 알게 되었을 때 나는 인간의 판단을 기다리지 않는다.' 1519년 요한 에크와 논쟁할 때, 루터에게는 마태오복음서 16장과 요한복음서 20장에서 예수가 베드로에게 한 말들이―루터가 해석한 대로―교황권의 신적 기원에 대해 반박하는 결정적 증거가 되었다. 보름스에서 루터는 성경뿐만 아니라 설득력 있는 논증들과 자신의 양심에 호소하며 발언을 마무리했다. 그렇다면 진정한 권위는 어디에서 비롯하는가. 성경인가, 그의 합리적 논증인가, 아니면 루터의 양심인가? 정답은 이 모두다. 구원의 원천과 절차에 관련된 논점들에 대해 성경은 절대적으로 명확하다고 루터는 믿었다. 그러나 그는 양심이 진실되게 한 관점을 유지할 수 있도록, 논쟁이 되는 문제들을 훌륭하게 논증해야 한다는 것 또한 알고 있었다. 이 개혁가에게 성경의 권위는 주관적 요소들과 객관적 요소들을 아우르는 것이었다.

성경의 권위와 동등한 중요성을 지니고 있던 것은 그리스도인의 자유라는 원칙이었다. 루터는 1520년에 쓴 동명의 에세이와 1522년 비텐베르크에서 한 설교에서 간결한 능변으로 이를 설명했다. 그리스도인의 자유란―성경에 따르자면

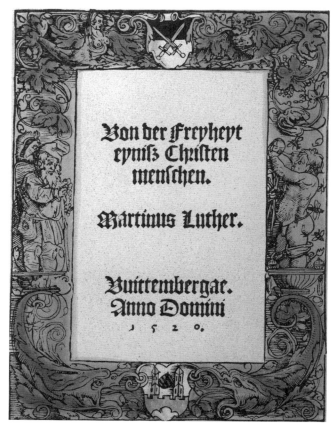

5. 『그리스도인의 자유Von der Freiheit eines Christenmenschen』의 표제면, 1520년.

─그리스도에 대한 믿음 말고는 어떤 것도 구원의 조건이 될 수 없으며 신자들에게 강제할 수 없다는 것을 의미했다. 로마의 대주교를 교황 자리에서 몰아내고 이를 대체할 허수아비 교황처럼 성경을 사용하게 된다면, 종교개혁은 아무런 목적도 이루지 못할 것이다. 루터와 그 동료들이 새로운 복음주의 교회들을 조직하면서 알게 된 것처럼, 어떤 식으로든 정책과 규율은 필요했다. 그러나 그러한 정책은 성경 구절과 관습을 문자 그대로 따르는 것이 아니라, 그리스도인의 자유를 촉진하고 보호하는 것을 최고 원칙으로 삼았다. 루터는 스스로 이러한 직설적 경구를 내세웠다. '나는 사람들이 기도나 선행이나 자기 자신이 만든 것들이 아니라, 오직 그리스도만 믿어야 한다고 가르친다.' 다른 프로테스탄트들에게는 성경이 그 자체로 최고의 권위를 지녔을지도 모르지만, 루터에게는 그렇지 않았다. 성경이 권위를 지니는 것은 약속과 구원에 대한 성경 속 이야기들이 그리스도인의 자유를 정의하고 강조하기 때문이었다.

이는 권위에 대한 광의의 개념이었다. 루터의 해석학적 원칙들은 유연했으며, 현대의 해석가들이 떼어놓으려는 것들, 곧 원문 한 구절이 과거에 의미했을 수 있는 것과 오늘날 의미할 수 있거나 의미해야 하는 것을 뒤섞어놓은 것이었다. 가끔씩 그는 자신의 16세기 학생들이나 성도들에게 성경 문장을 문자 그대로 적용하려 하면서, 또다른 때에는 과거에 속하는 것이며 오늘날과 직접적 연관성이 없다는 이유로 어떤 부분을 버리기도 했다. 실제로, '오늘날'(라틴어로 hodie)이란 말은 그가 자신의 설교와 설교처럼 들리던 강의에서 즐겨 쓰는 단어 중 하나였다. 대체로 루터는 성경의 세계 속에서 살았다. 그의 달력은 교회의 전례력이었고, 그의 역사란 구원의 거룩한 역사이자 마지막날에 구원이 이루어지는 역사였고, 그의 멘토들은 교회 역사 전체에 걸쳐 등장한 족장(구약성경에 나오는 아브라함을 비롯한 이스라엘 민족의 선조들을 말한다─옮긴이), 예언자, 사도, 교사들이었으며, 그의 교회란 전 세계에 흩어져 있는 신자들이었다. 그리고 그의 성경은 교회의 책이었다. 일반에 알려진 이야기와는 반대로, 루터는 고립된 개인이 어떤 방식이든 자신이 원하는 대로 성경을 해석해 교회와 사회의 다른 이들에게 그 해석을 강요할 수도 있다고 믿지 않았다. 그가 살았던 시대는 사람들이 각자 성경을 사서 교회 없이도 충분히 하느님 말씀의 독립된 출처로 이용할 수 있게 되기 이전이었다. 마침내 인쇄기가 등장하고, 루터 및 다른 개혁가들의 성경 번역본들이 출간되면서 그러한 시나리오가 현실이 되었지만, 정작 루터 자신은 그러한 시나리오를 상상조차 하지 못했다. 그는 교회에서 성경을 차단하는 것을 두고 다음과 같이 직접적으로 반박했다.

천 년 동안 예언자들과 함께 교회를 통치한 사람이 아닌 한, 성경을 충분히 맛보았다고 여길 수 있는 사람은 없다. 우리는 걸인들이다. 그것은 사실이다.

제 5 장

새로운
그리스도교

다른 개혁가들처럼, 마르틴 루터는 자기 주변 신자들이 하고 있던 특정 신심 행위들을 성경에서 찾아낼 수 없었다. 신심 행위들 중 하나가―죄에 대한 보속을 피하고 연옥에 머무르는 기간을 줄이려고 대사를 사는 것―종교개혁에 불을 붙인 95개 논제의 비판 대상이었다. 4년 후 파문당하게 될 무렵, 루터는 자신이 중세 후기의 종교에서 간과되거나 왜곡되었다고 믿고 있던 것을 근거로 그리스도교를 실천하는 대안적 방안을 제안했다. 그의 그리스도교가 물론 완전히 새로운 것은 아니었다. 1540년에 더 급진적인 개혁가들이 도전해왔을 때 그는 다음과 같이 인정했다.

우리 입장에서는 교황 제도 아래에서도 많은 부분이 그리스도 교적이며 선하다는 점을 고백한다. 사실 그리스도교적이며 선 한 모든 것이 거기에서 발견될 수 있고, 그 근원에서 왔다. 예 를 들면, 〔……〕 참된 성경, 참된 세례, 제대 위의 참된 성사, 죄 를 용서하는 참된 열쇠들, 성직자의 참된 직무, 주의 기도를 이 용한 참된 교리 교육, 십계명, 신경信經의 항목들이 그러하다.

그렇다면 왜 그는 로마가톨릭교회를 비판하고 교황을 적敵 그리스도라고 보았을까?

왜냐하면 〔교황은〕 사도들에게서 물려받은 그리스도교 세계 의 보물들에서 벗어났기 때문이다. 그는 악마의 첨가물들을 만 들고, 성전을 개선하는 데 이 보물들을 쓰지 않는다. 그 대신, 그는 자신의 명령을 그리스도가 명하신 것(ordinance: 개신교 에서는 성찬례를 의미하는 단어로도 사용된다―옮긴이) 위에 놓음으로써 성전의 파괴를 지향한다. 그러나 그리스도는 그러 한 파괴 행위의 한가운데에서조차 자신의 그리스도교 세계를 보존하신다. 〔……〕 사실 이 둘 모두가 그대로 계속된다. 성전 이 그리스도의 권능을 통해 여전히 하느님의 성전으로 남아 있 는 동안, 적그리스도 또한 하느님의 성전에 앉아 있는 것이다 (테살로니카2서 2:3~4).

　루터에게는 새로운 교회를 창설하려는 의도가 전혀 없었다. 개혁가가 되기로 명확히 결정한 뒤에, 그의 의제는 잃어버린 정통 그리스도교를 회복하는 것에 맞춰졌다. 그렇긴 하지만, 루터의 의제에는 신심 행위나 관례에서 사제들이나 평신도들이 저항할 만큼 혁명적인 변화들이 담겨 있었다. 프로테스탄트가 된 사람들로서는 새로운 그리스도교를 실천하게 된 셈이었는데, 그것이 그들의 조상들이 실천한 종교가 아니었기 때문이다.

　중세 후기 성모 신심에 대한 루터의 태도는 그의 의제를 보여주는 전형적 예다. 성모 신심은 그 아들 예수의 역할을 침해하는 것이며, 따라서 루터는 그에 쓰이는 의례나 칭호들도 모두 거부했다. 성모 마리아는 예수와 함께하는 공동 구원자가 아니며, 또한 가혹한 심판에서 신자들을 품어줄 자애로운 어머니도 아니었다. '하늘의 여왕'이라는 칭호는 어떤 의미에서 맞는 것이었지만, '그로 인해, 어떤 이들이 하느님보다 그녀에게 기도하고, 그녀에게로 피신하면서 생각하는 것처럼, 그녀가 은사들을 허락하고 도움을 줄 수 있는 여신이 되는 것은 아니다.' 그러나 '하느님의 어머니'라는 오래된 칭호는 신자가 그녀에 대해 말할 수 있는 가장 훌륭한 칭호였다. 성모 마리아를 공경하는 자는 누구든 그녀만 따로 떼어내어서는 안 된다고 루터는 경고했다.

> 다만 그녀를 하느님의 현존 안에, 또 하느님보다 훨씬 아래에
> 두고, 그녀에게서 모든 영예를 걷어내어 그녀의 '낮은 신분'
> (루카복음 1:48)을 보십시오. 그러면 그토록 멸시당하고 죽을
> 운명인 인간을 보아주시고, 안아주시며, 축복해주시는 하느님
> 의 넘치도록 많은 은총에 경탄하게 될 것입니다. 〔……〕 그녀
> 는 여러분이 자신에게 오는 것을 원치 않고, 자신을 통해 하느
> 님께로 가기를 원합니다.

루터는 비텐베르크 교회의 수호성인이었던 마리아의 지
위에 이의를 제기한다거나, 교회 서쪽 현관에 있는 성모상 두
개를 제거하려고도 하지 않았다. 어떤 출처에 따르면, 그의
연구실 한쪽 벽면은 성모 마리아의 그림으로 장식되어 있었
으며, 이 그림이 다음과 같은 말에 영감을 주었다고 한다. '아
기가 마리아의 품에서 잔다. 어느 날엔가 아기는 깨어나 우리
가 어떻게 처신해왔는지 물을 것이다.' 루터는 그리스도교 안
에서 성모 신심이 적법한 전통 아래 있음을 인정했다. 그러나
과도하게 자라난 부분들을 제거해야 할 필요가 있긴 했다.

루터는 이 과도함과 중세의 '첨가물들'을 자주 겨냥했다.
1530년대 초 설교에서 루터는 로마에 있는 그의 적대자들을

마태오복음서 7장 22절~23절에 나오는 '악을 행하는 이들'과 거짓 예언자들로 규정하고 왜 자신이 그들을 논박하려는지 설명했다.

여러분은 내게 여러분의 가르침과 표징들을 보여주고 있습니다. 그것들은 내게 묵주기도, 순례 여행, 성인 숭배, 미사, 수도 생활, 그리고 스스로 선택한 다른 특별 행위들을 제시합니다. 여기에는 그리스도에 관한 것이나 믿음, 세례, 〔제대 위의〕 성사에 관한 것이나, 그리스도가 내게 내 처지에서 이웃에게 행하도록 가르치신 선행들에 관한 것은 하나도 없습니다.

루터는 이러한 비판에서 거부해야 할 '첨가물들'을 구체적으로 밝혔을 뿐 아니라, 그가 정화해서 보존하고자 했던 '보물들'에 대해 다시 서술했다. 오직 그리스도만이 중심이며, 올바른 믿음을 갖고 선하게 행동하고, 성사를 바르게 행하는 것. 이들 각각을 순서대로 취해보면, 루터가 독일에서 회복하고자 했던 새로워진 그리스도교의 모습을 그려 보일 수 있을 것이다.

그중 첫째인 '오직 그리스도'는 종교개혁의 근본 원칙이었다. 루터가 중세 말 교회의 신학과 신심 모두를 판단한 기준이었기 때문이다. 이 판단 기준의 기능은 세계의 유일한 구원자이신 예수의 역할을 그 누구도, 그 무엇도 찬탈할 수 없게 막음으로써 그리스도교의 유일성을 보존하는 것이었다. 이 역할을 가장 직접적으로 위협했던 문제는 마리아를 공동 구원자로까지 높인 데 있었지만, 일반적인 성인 숭배 또한 이와 관련 있다는 이유로 거부됐다. 하느님 대신 성인들에게 기도하는 것, 특별한 기적이나 보호의 능력들을 우르술라Ursula(대표적인 동정녀 순교자. 처녀들의 수호성인―옮긴이)나 크리스토퍼 Christopher(아기 예수를 어깨에 태우고 강을 건너주었다는 성인으로 여행과 교통수단의 수호성인―옮긴이)와 같은 수호성인들에게 돌리는 것, 성聖유물을 모으거나 지역 성지에 보존해두는 것, 그러한 성지들을 순례한 신자들에게 기적이나 대사를 약속하는 것, 특정 성인들에게 봉헌된 제대들을 추가해 미사가 거행되는 주主 제대보다 열심인 숭배자들을 더 많이 끌어들이는 것, 성인들의 이름으로 된 공제회들과 그 부속 성당에 기부하고 자신과 가족을 위한 특별 미사를 봉헌하도록 사제들을 고용하는 것 등이다. 성인 숭배를 통해 신자들은 두렵고 소원한 삼위일체의 하느님에게 다가가는 것보다 더 직접적이고 구체적이며 개인적으로 신령한 권능에 접근할 수 있었다. 이런 이유로 평신도들에게 '오직 그리스도'가 언제나 잘 받아들여졌다거나, 더욱이 잘 이해되었던 것은 아니다. 왜 그들이 만져볼 수도 없는 하느님 때문에, 신적인 도움을 주는 인간적이고 물질적인 경로들을 포기해야 했겠는가? 일반 신자들은 프로테스탄트가 된 뒤에도 성인 숭배를 그만두지 않았다. 루터와 다른 개혁가들은 그들에게 성인들을 대신할 수호천사들을 제시했으며, (천사들은 가진 능력도 걸친 장식도 더 적긴 했지만) 신자들은 기쁘게 받아들였다(천사의 존재는 성경의 창세기부터 언급될 뿐 아니라, 마태오복음서 18장 10절에서 예수가 직접 수호천사의 존재에 대해 언급한다—옮긴이).

루터와 다른 개혁가들은 올바른 믿음과 선한 행동에 대해 가르칠 때도 같은 문제에 맞닥뜨렸다. '오직 믿음'이란 말의 미묘한 의미는 '오직 그리스도'라는 말보다 평신도들이 이해하기 더욱 어려웠다. 새로운 그리스도교에서 '오직 믿음'이란, 하느님이 신자들을 받아들이시는 것은 오직 그들이 그리스도를 믿기 때문이지, 그들의 믿음을 보충하고 그 믿음이 효과를 낼 수 있도록 하는 공로를 쌓고자 '선행'을 베풀기 때문이 아니라는 뜻이었다. 그럼에도 신자들에게는 선행이 기대되는데, 참된 믿음에는 언제나 유익한 행위가 따르게 마련이기 때문이다. 독일어 성경의 로마서 머리말에서 루터는 믿음이란 해야 하는지 아닌지를 물어보지 않고도 끊임없이 일하는 '살아 있는, 바쁜, 활동적인, 힘있는 하나의 실체'라고 썼다. 그가 말하길, '믿음에서 행동을 분리하는 것은 불가능하다. 불에서 열과 빛을 분리하려는 것만큼이나 불가능한 것이다'. 그 결과, 독자와 청중이 받은 메시지는 이러하다. '여러분들은 선행이 아니라 오직 믿음에 의해서 구원받습니다. 그러나 그렇더라도 여러분은 선행을 하고 있어야만 합니다. 선행이 구원을 가져다주지는 않지만, 그리스도인으로 살아가는데는 필수적입니다.' 이것이 그 첫번째 미묘한 의미다. 선행은 필수적이지만, 구원에 필수적이지는 않다.

두번째 미묘한 의미는 선행에 대한 정의와 관련 있다. 중세의 관습에서 선행이란 주로 루터가 위에서 나열했던 것처럼 공로를 쌓는 종교 활동들이었다. 그러한 행동을 하는 사람은 구원에 다가가고 있는 것이라 생각했으므로 그러한 행동이 하느님을 지향하는 것이긴 했다. 루터에게는 이런 행동들이 잘못된 종류의 '스스로 선택한' 선행이었지만, 올바른 종류도 하나 있었다. 루터는 1520년에 주목할 만한 논문 한 편을 발표하면서, 개혁을 위한 그의 신학과 명분을 간단하게 소개하며 올바른 종류의 선행에 대해서도 설명했다. 이는 십계명을 지키는 것으로 이뤄져 있으며, 그 첫째는 믿음 그 자체로서, 곧 주님 이외에 다른 신들을 두지 말라는 계명을 실천하는 것이었다. 루터는 자신의 작은 교리서에서 믿음으로써이를 실천하는 것을 최대한 간결하게 설명했다. '우리는 만물위에 계신 하느님을 두려워하고, 사랑하며, 신뢰해야 한다.'

믿음의 반대는 우상숭배다. 손으로 만든 우상이건 다른 사람이건, 고상한 이상理想이건 물질적 재화건, 어떤 종류든 상관없이 다른 신들을 믿는 것이다. 첫째가는 참된 선행으로서 믿음은 하느님을 향해 있어야 하고, 주님의 이름을 영예롭게 하며, 안식일을 지키는 것이다. 이는 십계명 중 첫 세 계명을 지키는 것인데, 이 계명들로 구원을 획득할 수 있기 때문에 지켜야 하는 것은 아니었다. 그보다는 하느님을 믿는 것이 다른 계명들을 준수함에 있어 이웃을 향한 진짜 선행의 근원이 되기 때문이다(십계명의 제1계명에서 제3계명은 하느님과 인간의 관계, 제4계명에서 제10계명은 인간 사이의 관계에 대한 계명으로 이루어져 있다 ― 옮긴이). 이러한 선행은 종교 활동이 아니라 자신의 공적인 삶과 사적인 삶을 모두 자선, 정직, 동정, 격려, 지지, 원조, 정의에 봉헌하는 것이다. 루터는 다음과 같은 방식으로 적절한 행동과 그렇지 않은 행동을 요약해서 대비해 놓았다.

육체를 전적으로 통제하려는 것이나 이웃에 봉사하려고(이웃이 하느님의 뜻에 반하는 것을 요구하지 않았다면) 하는 것이 아닌 그 어떤 행위도 선하지 않으며 그리스도교적이지도 않다. 그 결과 나는 우리 시대에 참으로 그리스도적인 성직자 단체, 수도원, 제대, 교회 직위가 거의 없음을 우려한다. 여기에는 성인들의 축일에 행하는 특별한 단식과 기도가 포함된다. 다시 말해, 우리가 이러한 행위들을 통해 죄를 면하고 구원을 얻는 다고 믿으면서, 이 모든 것에서 우리 자신의 이익만을 추구하고 있다는 것이 나는 두렵다.

이웃을 간과하지 말라는 경고를 자주 들었음에도, 청중 다수는 틀림없이 이렇게 생각했을 것이다. '선행으로 공로를 쌓는 것이 아니라고 하니, 뭐가 됐든 선행을 할 이유가 없다.'

루터만이 아니라, 다른 방식으로 사람들을 설득하려던 설교가들도 사람들에게 교회나 자선을 가벼이 여기도록 한 것은 아니었다. 종교 활동은 이제 공로를 쌓는 수단이 아니었으며, 그 대부분은 이미 신뢰를 잃었다. 하지만 여전히 프로테스탄트들이 믿음을 키우는 데는 설교, 찬양, 성사, 교리 교육, 하느님께 드리는 기도, 성경 숙지 등의 다른 종교적 자원들이 필요했다. 루터와 그의 동료들은 이것들을 제공하는 일에 착수했다. 짧은 강론 대신에 성경 본문에 대한 긴 설교가 프로테스탄트 예배의 중심이 되었고, 과거의 전례를 개정해 차용한 루터교와 성공회 교회도 예외는 아니었다. 모든 프로테스탄트 전통에서는 예배를 풍요롭게 하고 그들의 신심을 표현하고자 시편과 성가들을 사용했다. 크리스토퍼 브라운Christopher Brown에 따르면, 요아힘슈탈Joachimsthal이란 독일 도시에서 '종교개혁이 이룬 성과 중 가장 확연한 측면은 〔……〕 가정에서 루터교 성가들을 사용한다는 것이었다'. 어떤 성가들은 교리 교육의 도구가 되었다. 개혁가 파울 슈페라투스Paul Speratus가 작곡한 「구원이 우리에게 임하였네Es ist das Heil uns kommen her」는 프로테스탄트 교리를 요약한 것이었다. 1534년 카타리나 쉬츠 첼Katharina Schütz Zell은 보헤미아형제회(15세기 얀 후스의 개혁 운동을 바탕으로 보헤미아 지역에서 성립된 프로테스탄트 교파로, 정식 라틴어 명칭은 우니타스 프라투룸Unitas Fratrum〔형제들의 일치〕이며 모라비아교회라고도 불린다 ― 옮긴이)에서 사용한 노래집을 편집해 내면서, 거기에 음악의 중요성을 설명하는 머리말을 붙였다. '노래라는 소박한 단어를 사용하는 것도 훌륭하고 적절하지만, 나는 이 책을 노래집이라기보다는 교리와 기도와 찬양의 책이라고 불러야겠다. 하느님께 바치는 최상의 찬양은 노래로 표현되기 때문이다.' 루터는 사람들에게 새로운 그리스도교를 가르치고자 1529년에 작은 교리서와 큰 교리서를 출간했다. 그는 목사들에게 자신들만의 교리서를 쓰라고 격려했지만, 결국 루터의 교리서가 대부분의 복음주의 교회 본당에서 쓰였다. 루터의 교리서는 십계명, 사도신경, 주의 기도 이 세 가지 전통 문헌들에 대한 설명을 담고 있으면서, 프로테스탄트 교회들에 도입된 성사들의 새로운 구성에 대해서도 명확히 밝혀놓았다.

1520년에 나온 「교회의 바빌론유수幽囚De captivitate Babylon-ica ecdesiae, praeludium」라는 제목의 논문에서 루터는 중세 교회의 일곱 성사는 세례, 성만찬, 속죄(한국 가톨릭교회에서는 일반적으로 세례성사, 성체성사, 고해성사라고 부른다. 나머지 넷은 견진성사, 혼인성사, 병자성사, 신품성사다—옮긴이) 세 가지로 줄여야 한다고 주장했다. 속죄에 대해서 루터는 고백과 사죄赦罪라 불렀다. 그의 정의에 따르면 성사란 성경에서 지시된 것이어야 하며, 성사가 집행될 때는 영적인 약속과 함께 분명하게 보고 들을 수 있는 물질적 요소도 모두 주어져야 한다. 루터에게는 오직 세례와 성만찬만 이 조건에 명백히 들어맞았다. 세례에서는 물을 붓고, 성만찬에서는 빵과 포도주를 먹고 마신다. 그러나 고백과 사죄에는 그 어떤 물질적 요소도 없다. 얼마 지나지 않아 속죄는 성사로 여겨지지 않게 되었다. 이는 특별히, 세례 때 주어지는 용서와 구원에 대한 약속은 온 생애에 걸친 것이므로, 참회의 성사를 거쳐서 이를 갱신하지 않게 된 탓이었다. 중세에는 세례가 다만 그리스도인으로서 삶을 시작하는 표시였으므로, 속죄는 가장 중요한 성사였다. 세례받은 뒤에 죄를 짓게 되면, 그 죄를 고백하고, 용서받고, 사제가 정해준 대로 보속해야 했다. 루터는 공적인 고백과 용서는 유지했으나, 사적인 고백은 거부했으며, 속죄는 폐지해버렸다. 그것이 공로를 쌓는 신심 행위를 뒷받침했기 때문이다. 이전에는 참회하는 죄인들이 부과된 보속 행위를 통해서나, 또는 대사를 얻어 보속을 면제받음으로써 자신의 죄에 대한 빚을 청산하고 나서야 완전히 죄를 용서받는다고 보았다. 그러나 루터에게 사죄는 공적이든 사적이든 즉각적으로 완전한 효과를 가져오는 것이었다. 무상으로 주어지는 죄의 용서가 세례를 통해 보증되기 때문이었다. 세례에서 적용되는 용서와 구원에 대한 약속은 영원히 유효하며 세례받는 이의 나이와 상관없이 그리스도인으로서 삶의 초석이 되는 것이었다. 그래서 루터는 유아세례를 유지했으며 이를 가장 중요한 성사로 여겼다.

루터는 성만찬을 예수가 십자가 위에서 죄에 대해 치른 희생 제사를 반복하는 것으로 보았던 중세시대의 해석을 거부했다. 그리고 그러한 해석에 근거해 미사를 수없이 많이 드리는 것 같은 성만찬의 남용을 혐오했다. 사제가 하느님께 드리는 거룩한 봉헌으로서 미사는 평신도들에게 기적의 힘이 있는 선행으로 공로를 쌓게 해주는 것이라고 생각되기 쉬웠다. 평신도들은 미사가 거행되는 것을 지켜보거나, 자신 또는 사랑하는 이들을 위한 연미사(煉미사: 가톨릭교회에서 드리는 죽은 이의 영혼을 위한 미사. 연옥에서 단련받는 영혼들을 위한 미사로, 위령미사라고도 한다—옮긴이)를 주기적으로 드려달라고 사제에게 사례했다. 어떤 이들은 특정한 날 미사에 많이 참례할수록 공로를 더 많이 쌓을 수 있다고 생각했다. 어떤 이들은 미사 드리며 보내는 시간 동안만큼은 늙지 않는다고 이야기하기도 했다.

루터는 성만찬(미사, 성찬례, 영성체 예식이라고도 한다)을 희생 제사가 아니라 성사라고 보았다. 곧 신자들이 하느님께 드리는 봉헌이 아니라, 하느님이 신자들에게 주시는 선물이라는 것이다. 예수가 최후의 만찬 때 이를 제정했으며, 이를 통해 세례의 약속을 갱신하고 믿음을 강화함으로써 지속적으로 죄를 용서해준다. 선물의 성격을 강조하고자 루터와 다른 프로테스탄트들은 성만찬의 거행 방식을 근본적으로 바꾸었다. 첫째, 미사 또는 프로테스탄트 영성체 예식을 라틴어가 아닌 현지어로 거행했다. 둘째, 빵과 포도주를 내놓을 때 드렸던 긴 기도문을 예수가 마지막 만찬에서 한 간단한 말(성체 성사 제정문)로 대체했다. '이 빵은 너희를 위하여 내어줄 내 몸이다. 이 잔은 새로운 계약을 맺는 내 피의 잔이니 죄를 사하여 주려고 너희와 모든 이를 위하여 흘릴 피다.' 셋째, 이 말과 최후의 만찬 형식에 맞게 포도주를 사제들에게만 한정하지 않고, 참석한 평신도들에게도 빵을 주고 나서 포도주를 주었다. 이전에 만져보지도 못했던 성작聖爵을 받아든 평신도들에게는 두 요소 모두로(곧 '양형兩形'으로) 영성체하는 것이 가장 감동적인 변화였다. 미사는 이제 보이기 위한 행사가 아니라 주린 영혼들이 회개와 감사와 기쁨으로 받아먹는 식사가 되었다. 그 결과, 예배에 참여한 이가 모두 영성체를 받아 모셔야 하는 것은 아니게 되었다. 적어도 루터교 교회에서는 그러했다. 보통 고백과 사죄는, 공적이든 사적이든, 영성체에 앞서 행했고, 성사를 바라는 이들만이 식사에 참여하게 되었다. 제4차 라테라노 공의회(1215) 이후 의무가 되었던 영성체는 이제 의무가 아닌 선물로서, 양심에 짐을 지우는 것이 아니라 양심을 달래주는 것이 되었다. 또한 성사는 이제 형식이 아니었다. 루터는 이렇게 썼다. '사람들이 다만 (빵과 포도주 모두를) 받았으므로 그리스도인이 될 수 있다고 하면, 그리스도인이 되는 것보다 쉬운 일은 없을 것이다. 암퇘지조차도 그리스도인이 될 수 있을 것이다.' 먹고 마시는 것으로는 충분하지 않다. 영성체하는 이들은 약속된 죄의 용서에 주의깊게 귀를 기울이고 감사하는 마음으로 그것을 믿어야 한다.

1523년에 나온 『미사와 영성체 절차Formula Missae et Communionis』는 미사에 대한 루터의 첫번째 개정안이며, 전략의 변화였다. 그때까지 루터는 예배에 대한 '불경한 의견들'에서 사람들을 구해내는 방법으로 책과 설교만을 이용했다. 그러나 언어로 마음을 움직이는 것만이 아니라 '또한 손을 사용'하고 만져볼 수 있는 결과물들을 만들어낼 수 있도록 새로운 구조를 고안하게 되었다. 1526년 그는 완전히 독일어로 된 미사 경본을 추가로 발간했으며 세례와 혼인 및 기타의 경우에 알맞은 새 전례들을 마련했다. 그는 또한 서른다섯 곡이 넘는 성가들을 번역하고 작곡했으며, 그중에서 「내 주는 강한 성이요」가 가장 잘 알려져 있다.

「내 주는 강한 성이요Ein feste Burg ist unser Gott」의 현존하는 판본 가운데 가장 이른 시기에 나온 것은 1531년에 인쇄된 것이지만, 1528년에는 이미 작곡됐을 것이다. 시편 46편에 기초한 이 성가의 작곡 배경으로 여러 가지 사건들이 제시됐다. 튀르크인들의 위협, 비텐베르크 주변의 새로운 성곽 건설, 지역 전체에 퍼진 전염병, 아기 때 죽은 그의 딸 엘리자베트Elisabeth, 또는 1520년에 출간된 새로운 성가집 등등. 1900년까지 53개 언어로 80개가 넘는 번역본이 나왔으며, 오늘날에는 200개 언어로 부를 수 있다. 「그 어리신 예수Away in a Manger」 또한 루터가 작곡했다는 말이 자주 나오지만, 사실은 19세기 아메리카에서 처음 나온 곡이다.

그러나 루터는 자신의 예배 절차를 의무적인 것으로 만들려 하지 않았다. 영성체에서 두 요소를 모두 받는 것과 같이 올바른 외적 실천들은 중요하긴 했지만, 그것을 실제로 행하는 것은 자유였으며, 믿음과 사랑에 비하면 언제나 부차적인 것들이었다.

나는 내 가르침이 다른 무엇보다도 그리스도에 대한 앎, 곧 순전한 믿음과 참된 사랑으로 이끌도록, 그리하여 먹고 마시고 입고 기도하고 단식하고 수도 생활하고 성사를 거행하는 등 무엇을 하든 여러 가지 외적 행위에 관한 모든 문제로부터 자유로워진 상태에 이르도록 가르쳐왔다. 그러한 자유는 믿음과 사랑을 지닌 이들, 곧 진정한 그리스도인들만이 유익한 방식으로 사용한다. 양심을 얽어매는 인간의 법을 그들에게 강요할 수 없고, 강요해서도 안 되며, 다른 누구에게도 그렇게 하도록 허용해서는 안 된다.

새로운 그리스도교에 대한 루터의 비전은 이룰 수 없는 이상향에 가까웠으며, 그 때문에 벌어진 논쟁들은 날마다 그에게 그 사실을 상기시켰다. 로마에 있는 그의 적들뿐 아니라, 변화를 위한 그의 제안들이 너무 급진적이라거나 충분치 못하다고 생각하는 이전 동료들과 다른 이들도 그를 공격했다. 프로테스탄트들은 대부분 미사를 개혁해야 한다는 원칙에는 동의했으나 성만찬의 본질에 대해서는 합의를 이루지 못했다. 루터는 그것이 그리스도의 진짜 몸과 피를 받아 모시는 것이라 믿었지만, 다른 개혁가들, 특히 카를슈타트, 울리히 츠빙글리, 장 칼뱅 등은 그리스도의 몸과 피가 실제로 현존한다는 루터의 주장이 빵과 포도주의 실체가 그리스도의 몸과 피로 변한다고 하는 중세적 성변화(聖變化, transubstantiation: 성체성사에서 축성의 말씀으로 빵과 포도주가 그리스도의 몸과 피로 각각 변화되는 현상. 중세 이후 아리스토텔레스의 철학에 기초해 빵과 포도주의 형상은 그대로 남아 있으나 빵의 온전한 실체가 그리스도의 몸으로, 포도주의 온전한 실체가 그리스도의 피로 그 실존 양식이 변화되는 현상이라 설명한다. 실체변화라고도 한다—옮긴이) 교리와 닮았다고 생각했다. 루터는 성변화 이론을 거부했지만, 예수가 그 빵이 자신의 몸이며 그 잔은 그의 피로 맺는 새로운 계약이라고 말했으므로 그리스도가 거기에 실제로 현존한다고 믿었다. 츠빙글리는 특히 루터의 관점이 물질주의적이며, (얇은 과자나 빵으로 된) 제병을 훔쳐가서 거기에 기적의 힘이 있는 것처럼 여기는 항간의 미신을 부추길 거라 주장했다. 카를슈타트와 츠빙글리에 따르면, 예수가 의도했던 것은 빵과 포도주로 그의 몸을 재현하려는 것이었으며, 인류를 구원하고자 그의 몸을 희생한 십자가를 신자들에게 가리키기 위한 것이었다. 루터는 영성체가 그리스도의 희생적인 죽음을 상기시키는 것일 뿐만 아니라 그의 희생이 마련해준 죄의 용서를 실제로 전해주는 것이라고 주장했다. 루터와 츠빙글리 사이의 간극은 절대 메워지지 않았으며, 그들을 따르는 이들도 점차적으로 루터교회와 개혁교회로 나뉘어 유럽의 서로 다른 지역들을 장악하게 되었다.

프로테스탄트들 사이에서 기도가 논란의 대상이 된 일은 거의 없었으나, 중세 후기에 이뤄지던 기도 방식들은 철저하고 논쟁적으로 검토됐다. 중세 후기 사람들은 정해진 기도문이나 묵주같이 기억을 돕는 도구들을 이용해 마리아와 성인들에게 기도하는 경우도 많았다. 『영혼의 작은 정원Hortulus Animae』과 같은 신앙생활 안내 소책자에 약속된 것처럼, 특정한 기도들을 바치면 대사를 받을 수도 있었다. 1498년 스트라스부르에서 처음 출간된 이 책은 곧이어 독일어 번역본도 구할 수 있게 됐는데, 훌륭한 삽화들로 장식되어 있었고, 수많은 개인 행사와 전례력의 행사를 주관하는 성인들에게 바칠 기도문이 들어 있었다. 루터는 1522년에 출간한 『개인 기도서Das Betbüchlein Lutheri』의 머리말에서 『영혼의 작은 정원』 및 그와 비슷한 책들을 날카롭게 비판했다.

그리스도인들을 오도하고 기만하며 잘못된 믿음들을 수없이 불러일으키는 유해 서적과 교리서 중에서도, 개인 기도서들의 오류와 잘못이 결코 적다고 보지 않는다. 그런 책들은 순진한 사람들의 마음속에 죄에 대해 조잡한 계산표를 주입시키고 고백성사를 보러 가게 하며, 그에 더해 하느님과 성인들에게 기도를 드릴 때 반反그리스도교적인 바보짓을 하게 만든다. 게다가, 대사에 대한 약속들로 부풀려져 있으며 붉은 잉크와 예쁜 제목들로 장식되어 나온다. 이러한 책들을 완전히 없애버리지는 못하더라도 근본적이며 전면적으로 개정할 필요가 있다.

자신에게는 그러한 소책자들의 개정 작업에 착수할 시간이 없다고 하면서, 루터는 기도에 대한 지침을 직접 제시했다. 그는 어느 때든 주의 기도만으로도 충분하며 말을 많이 하는 것보다 마음에서 우러나와 끈기 있게 하느님께로 향하는 것이 더욱 중요하다고 주장했다. 그 자신이 간결함과는 거리가 멀었지만, 그럼에도 경건한 사람들의 귀에 거슬릴 만큼 극단적으로 권고하지는 않았다. 아내의 상喪을 당한 오스트리아 귀족에게 조문 편지를 보내면서 루터는 죽은 아내를 위해 바치는 철야기도와 미사와 매일 기도들을 위해 돈을 지불하는 걸 그만두라고 부탁했다. 대신에 그는 다음과 같이 권고했다.

그녀를 위해 한두 번 기도하는 것만으로도 진정 당신의 품위를 지키기에 충분합니다. 하느님은 당신이 무엇을 청하든, 청한 것을 받으리라 믿으면 분명 받으리라 약속하셨기 때문입니다(루카복음 11:9~10). 이와 반대로, 우리가 같은 일로 거듭해서 기도한다면, 이는 하느님을 믿지 못한다는 징후를 드러내는 것이며, 믿음 없는 기도로 그분을 더욱 화나게 만들 뿐입니다. 우리가 언제나 기도해야 한다는 말은 맞습니다. 그러나 언제나 믿음으로 기도해야 하며 하느님께서 우리의 기도를 들어주신다는 것을 확신해야 합니다. 그렇지 않다면 우리의 기도는 헛된 것입니다.

이후 몇 년 동안 루터는 자신의 노력으로 새로운 그리스도교가 등장한 것에 대해 만족감과 실망감을 모두 표현했다. 종교개혁과 같이 커다란 계획은 두 가지 반응을 모두 일으키게 마련이다. 오직 믿음으로 의롭게 되었으며 서로 사랑하는 일에 부지런한 신자들도 여전히 용서가 필요한 죄인으로 남아 있는 것이라고 루터는 주장했다. 그러나 루터가 구상한 그리스도교는 죄인들보다 성인들로 가득찬 그리스도교였다. 그러나 이후 세대들이 실제로 증명해 보여주듯, 그것은 실현될 수 없는 이상이었다.

제 6 장

정치 개혁

1513년 9월 25일 파나마지협의 한 봉우리에 올라선 에스
파냐 탐험가 바스코 누녜스 데 발보아Vasco Núñez de Balboa는 신
세계의 해변에서 태평양을 바라본 최초의 유럽인 탐험가가
되었다. 40일 전 독일에서는 마르틴 루터가 첫 시편 강의를
시작했다. 그날 이후 줄곧 에스파냐제국이 아메리카에서 확
장되는 것과 나란히 그 또한 입신하게 될 것이었다. 1519년
과 1521년 사이, 루터와 로마의 갈등이 파문과 보름스의 징
계라는 결과에 이르던 때 에르난 코르테스Hernán Cortés는 멕
시코에서 아즈텍제국을 끝장내고자 진격하고 있었으며, 그
의 주군인 카스티야의 카를로스Carlos de Castilla에게 정복 활동
에 대한 보고를 보내오고 있었다. 이 카를로스가 1519년 신

성로마제국의 황제 카를 5세로 선출됨으로써 루터에게도 주군이 되었다. 독일에서 종교개혁이 종교적 저항운동으로 시작되었다 하더라도, 그것은 시초에서부터 정치적이었으며, 그 운명을 결정할 사람은 루터가 아니라 로마의 헌신적 지지자인 황제 카를 5세였다. 카를 5세는 1521년 루터에 대한 추방령을 내렸으나, 오스만튀르크의 위협에서 독일을 지켜내려면 프로테스탄트 지역의 도시들과 제후들의 지원이 필요했기 때문에 자신의 제국 안에 종교의 일치를 회복하고자 했으며, 그렇게 하는 동안에 프로테스탄트 운동이 살아남아 결국 번성할 수 있도록 허용했다. 루터는 이러한 정치 드라마에서 실질적이고 중요한 역할을 했다. 하지만 1529년 이후에는 자신이 사건들의 흐름을 조정하기보다는 그 흐름을 따라 쓸려가는 일이 더 잦았다.

루터와 그의 동료들은 지방에서 제국에 이르는 모든 층위의 정치에 얽히게 되었다. 독일에서는 제후나 시의회가 루터 운동에 대한 지지를 승인하거나 거부했기 때문이다. 크고 작은 도시들에서 펼쳐진 개혁의 전형적인 양상은 다음과 같았다. 어떤 사제가 루터의 운동에 동요되어 오직 믿음으로 구원받는다는 복음주의적 메시지를 설교하기 시작하고 미사 방식을 바꿨다. 그는 성경에 근거하지 않은 대사, 성인들에 대한 기도, 단식 규칙, 수도서원, 성직 독신주의 등을 비난하는 경우도 있었다. 이 사제가 어느 정도 규모의 추종자들을 끌어들이게 되면, 같은 도시의 가톨릭 성직자들에게 도전을 받고 해당 교구의 주교에게 보고되었다. 그러면 이 설교가는 시의회에 호소해 그의 설교와 변화된 미사를 허용해달라고 요청했다. 어떤 경우에는, 시의회가 복음주의 설교가와 로마가톨릭교회 성직자 대표를 소환해 양쪽에 대한 심리를 진행하거나 토론을 개최하기도 했다. 양측 지지자들은 각각 공개 설명회를 조직했다.

　1529년 괴팅엔에서는 가톨릭 신자들이 도시를 가로질러 성체를 들고 행진하던 중에, 복음주의 지지자들이 교차로를 가로막고는 6년 전에 루터가 작사한 시편 130편 성가를 부르는 일이 있었다. 가톨릭 신자들이 마침내 성당에 도착해 오래된 찬미가인 '테 데움Te Deum'(첫 소절의 시작 부분을 따라 테 데움[하느님 당신을]이라 부르는 라틴어 성가다. 4세기에 시작된 노래로 오늘날까지 가톨릭 전례에서 사용되며, 하느님에 대한 찬미와 감사, 간결한 신앙고백, 구원과 자비 청원이 주된 내용을 이룬다─옮긴이)을 부르자 프로테스탄트들이 뒤에서부터 밀고 들어와 다른 독일어 성가 소리에 묻히게끔 했다. 괴팅엔 시의회에서는 복음주의 편을 들어 판결을 내렸는데, 이렇게 되면서 설교가 계속되도록 허용하고, 대부분 복음주의 설교와 예배를 시 공동체의 종교 표준으로 삼는 교회령 또는 규약을 채택했다.

루터가 떠나 있던 동안(1521년 4월~1522년 3월) 비텐베르크에서는 개혁의 정치 지형이 껄끄러워지면서 제대로 조정되지 않았다. 주도권을 쥔 것은 루터의 아우구스티노회 동료 수사 가브리엘 츠빌링Gabriel Zwilling과 대학 동료들인 안드레아스 카를슈타트와 필리프 멜란히톤이었다. 선제후나 시의회의 허락을 기다리지 않고 카를슈타트는 성직자의 독신 생활과 수도서원에 반대해 입을 열었다. 더욱이, 그는 사제이면서 '모든 성인' 성당(Die Kapelle aller Heiligen: 비텐베르크성에 부속된 성당으로 지어졌으며, 주민들은 시市 성당Stadtkirche과 대비해 성城 성당Schlosskirche이라 불렀다. 루터가 95개 논제를 처음 붙였던 성당으로 알려져 있으며, 최초의 프로테스탄트 교회가 되어 오늘날에는 종교개혁 기념 교회로 불린다―옮긴이) 성직 참사회 위원이기도 했지만, 1522년 1월 35세의 나이에 자기 나이의 절반도 안 되는 안나 폰 모하우Anna von Mochau와 결혼했다. 1521년 9월, 아직 서품받지 않은 멜란히톤과 몇몇 학생들은 시 성당에서 빵과 포도주를 모두 영했으며, 같은 해 성탄절 미사에서 카를슈타트는 라틴어 카논(Canon: 단선율의 성가 형식. 흔히 그레고리안 성가로 알려져 있다―옮긴이)으로 된 성찬례 기도문을 독일어로 된 성체성사 제정문으로 대체하고 평신도들에게도 빵과 포도주를 둘 다 주었다. 그러나 멜란히톤과 츠빌링과 달리, 카를슈타트는 포도주 마시기를 거부하는 평신도들은 죄를 짓는 것이라는 관점을 유지했다. 루터는 바르트부르크에서 글을 써서 카를슈타트의 관점에 강력히 반대했다. 그러는 사이, 츠빌링은 평신도들에게 아우구스티노회에 기부를 중단해 수사들이 억지로라도 수도원을 떠나게 해달라고 요청하고 있었다. 1521년 11월, 수사들 중 열세 명이 수도원을 떠나 결혼하고 노동자로서 일자리를 얻었다. 12월 초, 학생들과 도시 주민들이 무리 지어 가서 미사경본을 잡아채고 사제들을 제대에서 몰아냄으로써 시 성당에서 드리는 사적인 미사들에 저항했다. 그다음날엔 학생 열세 명이 프란치스코회 성당에 들어가 나무 제대를 해체해버렸다. 선제후 프리드리히는 이 범죄자들이 처벌받기를 바랐으나, 유력한 시민들이 시의회에 개입해 이를 막으려 하니, 시의회가 선제후와 시민들 사이에 끼이는 꼴이 돼버렸다.

같은 시간에, 루터는 게오르크라는 이름의 기사로 위장해 비밀리에 비텐베르크를 방문한 뒤, 자신이 본 모든 일에 흡족하다고 천명했다. 그러나 바르트부르크에 돌아와서는 자제를 요청하는 짧은 소책자를 썼다. 『반란과 폭동을 금하는 마르틴 루터의 모든 그리스도인들을 향한 신실한 훈계Eyn trew vormanung Martini Luther tzu allen Christen, sich tzu vorhuten fur auffruhr unnd emporung』라는 제목이 모든 것을 말해주었다. 루터는 '교황과 그의 적敵그리스도 정권'은 인간의 폭력이 아니라 하느님의 진노와 그리스도의 말씀을 통해 파괴되리라 예언한 뒤, 폭력 사용을 부인하면서 자신을 따르는 이들에게는 다음과 같은 전략을 시행하라고 충고했다.

이제 바빠지십시오. 거룩한 복음을 퍼뜨리고, 다른 이들이 그 복음을 퍼뜨리도록 도와주십시오. 인간의 법이란 아무것도 아님을 가르치고, 말하고, 쓰고, 설교하십시오. 사람들이 사제직이나 수도회나 수녀원에 들어가지 않게끔 설득하십시오. 그리고 그렇게 하지 못하도록 방해하십시오. 이미 들어간 이들은 거기서 떠나도록 격려하십시오. (교황의) 교서, 양초, 종, (봉헌) 편액, 성당을 위해 더는 돈을 내지 마십시오. 차라리 그들에게 그리스도인의 삶은 믿음과 사랑으로 이루어지는 것이라 말해주십시오.

그러나 카를슈타트나 츠빌링 모두 루터의 권고에 귀를 기울이지 않았다. 비텐베르크의 아우구스티노회 수사들이 회합해 숙고한 사항들을 결론지은 뒤에, 츠빌링은 이제 복음주의 예배에서 필요하지 않게 된 제대, 십자가, 성상, 제기를 성당에서 치워버리라고 명령했다. 그와 달리 시민법과 교회법 모두에 학위가 있던 카를슈타트는 그와 그의 동료들이 그 시점까지 만들어놓은 변화 내용들을 전부 제도로 구체화하는 교회령을 작성했다. 그러나 제국 정부가 비텐베르크에서 일어난 혁신들에 모두 반대하라고 지시했기 때문에 선제후 프리드리히는 새로운 법령을 승인하는 일이 내키지 않았다. 카를슈타트가 성상에 반대하는 설교를 하면서 시 성당에서 성상을 파괴하는 폭동에 불이 붙자, 멜란히톤과 시의회는 개혁을 책임지라며 루터를 비텐베르크로 다시 불러들였다. 선제후 프리드리히는 이를 허락하지 않았으며, 루터에게도 그들의 요청을 거절하는 문서를 작성하라고 요구했다. 그러나 루터는 요청에 응했다. 그는 프리드리히에게 책임이 없다고 선언하긴 했지만, 비텐베르크는 그가 포기할 수 없는 자신의 구역, '하느님이 내게 맡기신, 내 양 우리'라는 관점을 유지했다. 게다가, 그는 사람들이 복음을 올바르게 사용하는 법을 몰랐기에, 하느님이 '진짜 반란'을 일으켜 독일 민족을 벌하시지 않을까 두려워했다.

3년 뒤, 그러한 두려움은 독일농민전쟁에서 현실로 드러났다. 이 전쟁은 모든 사회 및 경제 계층을 가로지르는 전면적 봉기였으므로 1525년 혁명이라고 부르는 것이 더 정확하다. 루터가 슈바벤 농민들의 12개조 선언문Zwölf Artikel der Schwäbischen Bauern을 읽었을 때, 이미 남부 독일에선 혁명이 시작된 상태였다. 그들이 선언문을 기술한 목적은 그들의 불만과 요구들을 성경이 뒷받침한다는 것을 보여줌으로써 '그리스도교의 방식으로 불복종과 반란의 구실을 찾는 것'이었다. 이 선언문에 대해 루터는 『평화를 향한 훈계Ermahnung zum Frieden』라는 적절한 제목의 소책자를 써서 응답했다. 여전히 그가 가장 두려워하고 있던 것은 혁명의 잠재력을 통제하지 않으면 하느님 말씀과 세속 권력을 모두 전복시킴으로써 무정부 상태 또는 그가 표현한 대로 '전 독일의 영구적 파괴'를 초래하리라는 것이었다. 그러한 이유로 그는 통치자와 그 신민 양쪽 모두를 질책했다. 제후와 주교는 '사치와 낭비'의 생활을 유지하느라 '민중을 속이고 털어먹기'만 했으므로 질책당했다. 그러나 그들의 사악함과 불의함이 평민들이 일으킨 무질서와 반란을 변명해주진 못했다. 성경에 따르면 사악함을 벌하는 것은 합법적 정부의 책임이다. 더욱이 농민들이 스스로 그리스도인이라고 주장한다면 다른 뺨을 돌려대라는 그리스도의 권고를 따라야 한다. '그리스도인들은 자신을 위해 칼과 총이 아니라 십자가와 고난으로 싸운다.' 결론적으로 루터는 양측 그 어느 쪽도 정의나 그리스도인의 행동을 실천하지 않았다고 선언했고, 서로 협상할 것을 권고하면서 통치자들은 억압적인 폭군이 되기를 멈추고 평민들은 그들의 요구사항을 완화하라고 말했다.

그러나 협상은 이뤄지지 않고, 혁명은 북쪽을 향해 꾸준히 확장되어 루터가 있던 도시 근교까지 이르렀다. 1525년 5월

바로 그곳에서, 그리스도의 천년왕국(요한묵시록 20:4~6)이 도래하기 전에 하느님을 믿지 않는 이들을 말살해야 한다고 주장하는 급진적 신학자 토마스 뮌처Thomas Müntzer가 프랑켄하우젠Frankenhausen에서 결정적 전투를 벌이고자 자신의 추종자들을 결집했다. 그러나 그의 군대는 제후들의 연합군을 맞아 버틸 재간이 없었으며, 결국 산산이 부서지고 말았다. 침대 아래 숨어 있다 발각된 뮌처는 강제로 자술서에 서명한 뒤 처형당했다. 불과 몇 주 전, 농민 무리가 떠돌아다니며 넓은 지역을 황폐하게 만드는 것을 목격한 루터는 그들의 약탈 행위를 막는 데 필요하다면 제후들이 그들을 죽여버릴 수도 있다고 썼다. 하지만 살육이 벌어지자 사람들은 루터를 심하게 비판했고, 그를 설득해 이전 입장을 철회하는 글을 출간하도록 했다. 결과적으로 이 글은 오히려 평민들이 정부를 무시하고 사회질서를 파괴하고 있으므로 죽어 마땅하다는 그의 주장을 옹호하는 것이 되고 말았다. 물론 루터는 이제껏 흘린 농민의 피로 충분하지 않다고 하는 제후들은 폭군일 뿐이라고 강력히 주장했다. 그러나 사람들은 이 '철회' 부분을 모두 잊고, '제후들의 아첨꾼'으로 루터를 폄하했다. 평민과 통치자 모두에게 그리스도인으로서 짊어져야 할 의무를 가르쳤던 것뿐이라고 루터는 계속 주장했지만, 한번 폄하된 평판은 오래도록 회복되지 않았다.

1525년 5월 초, 선제후 프리드리히는 루터에게 개혁을 계속해나가라는 암묵적 허가를 내린 뒤, 마지막 영성체로 빵과 포도주를 모두 영함으로써 복음주의적 방식을 명백히 드러내 보여주며 눈을 감았다. 그 뒤를 이은 동생 요한 또한 종교개혁의 군건한 보호자였으며 작센 지역에 복음주의 교회를 세우고자 비텐베르크 사람들과 긴밀히 협조했다. 루터는 혁명 뒤 혼란에 빠진 본당들을 보았으나 전통적 의무를 수행할 주교가 아무도 없었으므로 4인 1조의 시찰관들을 지명해 본당들의 경제적 형편과 종교적 상황을 조사하게 하도록 선제후 요한에게 요청했다. 이들의 시찰, 또는 그들이 부른 대로 하자면, 심방은 1527년에 시작되었으며, 멜란히톤과 루터는 루터의 지역 안에서 재조직된 복음주의 교회들의 첫 정관으로써 교리와 실천에 관한 훈령집을 마련했다. 그러나 비텐베르크 사람들이 국가에서 통제하는 교회를 설립하고 있었던 것은 아니다. 훈령집에서는 교회와 세속 정부를 명확히 구분해놓았다.

모든 세속적 권위에 복종해야 한다. 이는 세속적 권위가 하느님께 드리는 새로운 예배를 세우기 때문이 아니라, 평화와 사랑 속에서 질서 있게 사는 삶에 기여하기 때문이다. 그러므로 전적으로 그에 복종해야 한다. 다만 정부가 복음 전체나 일부

6. 선제후들: 현공賢公 프리드리히Friedrich der Weise, 항공恒公 요한Johann der Beständige, 작센의
   요한 프리드리히Johann Friedrich von Sachsen(트립틱(triptych, 세 폭 제단화), 루카스 크라
   나흐 작作. 1535년경).

를 무시하도록 명령하는 것과 같이 하느님의 법에 반하는 것을 명령할 때는 예외다. 그러한 경우에 우리는 사도행전 5장 29절의 규칙을 따라야 한다. '우리는 사람의 권위에 순종하는 것보다 하느님께 순종해야 한다.'

그러나 실제적으로 독일의 종교개혁이 확고해지고 확장된 것은 복음주의적 통치자들과 신학자들 사이에 확고한 협력이 이루어졌기 때문에 가능했다. 황제 카를 5세와 그의 가톨릭 고문들이 가하는 탄압은 정치적이면서 또한 종교적인 것이었기 때문이다. 1526년, 프로테스탄트 제후 7명은 방어적인 토르가우 동맹Torgauer Bund을 맺었다. 이 동맹은 이들의 후계자들에게까지 이어져 복음주의 영지들(종교개혁을 받아들인 자유도시들과 영토들)을 교황의 권위 아래로 돌려놓으려는 황제의 시도들에 저항하는 중추를 이루었다. 이 영지들은 제1차 슈파이어 제국의회Reichstag zu Speyer(1526)에서 교회가 공의회를 열어 문제를 해결할 때까지는 각 지역마다 원하는 대로 지역 안에서 종교 관련 사안들을 다룰 수 있도록 허가했을 때 어느 정도 자유 재량권을 획득하게 되었다. 그러나 1529년 제2차 슈파이어 제국의회에서 우위를 점한 가톨릭진영은 1526년의 합의를 철회하고 루터 및 그 추종자들을 처벌하려던 1521년의 보름스 칙령의 실행을 요구했다. 소수파가 된 복음주의 진영은 이 칙령에 저항했으며(이를 가리켜 '슈 파이어에서의 저항Protestation zu Speyer'이라고 하며 프로테스탄트 Protestant라는 호칭이 여기에서 유래했다―옮긴이) 슈파이어에 서 프로테스탄트 동맹을 맺었다.

적절한 때에 또다른 일시적 휴지기가 찾아온 것은 오스만 튀르크가 중부 유럽까지 진격해왔기 때문이다. 카를 5세는 제국을 지키려면 프로테스탄트와 가톨릭 진영 양쪽 모두에 게서 군사 및 재정 지원을 받아야 했다. 1529년 가을 튀르크 인들이 빈을 포위했을 때 카를 5세는 종교 재통일을 염두에 두고서 가톨릭과 프로테스탄트 양쪽 모두에게 이듬해 아우 크스부르크에서 열릴 제국의회에서 그들의 교리와 관례에 대한 진술문을 제출하도록 요구했다. 가톨릭 쪽에서는 이 요 청을 무시했지만, 루터를 지지하는 프로테스탄트들은 작센 에 모여 복음주의의 관례들을 다룬 조항들을 준비했다. 제국 의회에 참석할 루터교 신학자들을 이끌었던 필리프 멜란히 톤이 복음주의 교리 목록에 실질적인 사안들을 추가해 보충 했다. 그리고 1530년 6월 아우크스부르크에서 28개 조항에 대해 신학자들의 토의와 개정을 거친 뒤, 독일 제후 7명과 도 시 두 곳의 대표들이 서명해, 종교적 진술문과 정치적 선언문 으로서 카를 5세에게 제출했다. 이후 아우크스부르크신앙고 백이라 알려지게 되는 이 조항들을, 가톨릭 신학자들은 거부했으나, 스스로 루터교에 속한다고 보는 프로테스탄트 도시와 영지에서는 자신들의 헌장으로 삼기 시작했다. 카를 5세가 루터의 법외자 신분을 갱신하고, 프로테스탄트들에게 그들의 영역에서 모든 종교적 혁신들을 진압하는 데 6개월을 준다는 칙령을 내렸지만, 대부분의 프로테스탄트들은 그전에 이미 제국의회를 떠나버렸다.

루터는 작센에 있어야만 형벌을 면할 수 있다는 것이 확실했으므로, 아우크스부르크 제국의회 참석을 허락받지 못했다. 그러나 거의 날마다 서신을 주고받으며 멜란히톤 및 다른 신학자들과 연락을 취했다. 제국의회가 종교개혁의 분수령이 되리라는 것을 의식하고 있던 루터는 그 결과를 초조하게 기다렸으며, 동료들에게 굳건히 버티라고 강력히 권고했다. 일단 의회가 종결되자, 루터는 조금도 주저하지 않고 칙령에 대응했다. 1531년 그는 『친애하는 독일 민중에게 보내는 마르틴 루터의 경고Warnunge D. Martini Luther an seine lieben Deudschen』를 출간해, 프로테스탄트들을 억압하는 칙령이 집행되더라도 무장 저항을 금했다. 개혁가 루터는 이전에 황제에게 복종할 것을 권고하고 오스만튀르크에 맞선 방어 전쟁을 지지했지만, 1530년 이후에는 입장을 뒤집어서 복음을 보전하는 것이 복음을 없애버리려는 통치자에게 복종하는 것보다 우선한다고 주장했다.

만약 전쟁이 일어난다면—하느님은 전쟁을 금하셨다—살인자요 피에 굶주린 교황주의자들에 맞서 자신을 방어하는 이들을 나는 비난하지 않을 것이며, 다른 누구도 그들을 치안 교란자들이라 질책하도록 내버려두지 않을 것이다. 나는 그들의 행동을 받아들이며 정당방위로 여겨 불문에 부치겠다.

같은 논문의 말미에서 루터는 그를 따르는 이들이 황제에게 저항하지 않는다면 일어나게 될 일들을 지나치게 암담한 모습으로 묘사해놓았다.

〔우리가 이룬〕 모든 것을 전멸하고 파괴하는 일에 여러분은 협력해야 할 것이다. 〔……〕 여러분은 모든 독일어 책들, 신약성경과 시편과 기도서들과 성가집, 우리가 쓴 그 좋은 글들까지 전부 불태워야 할 것이다. 〔……〕 여러분은 과거에 그러했던 대로 모든 이들이 십계명도, 주의 기도도, 신경조차도 알지 못하도록 해야 할 것이다. 여러분은 모든 이들이 세례나 성사, 신앙이나 정부 또는 혼인이나 복음에 대해서 배우지 못하도록 막아야 할 것이다. 여러분은 누구든 그리스도인의 자유를 알지 못하도록 막아야 할 것이다. 여러분은 사람들이 그리스도께 믿음을 두고 그분에게서 위안을 얻으려는 일을 금해야 할 것이

다. 이 모두는 이전에 존재하지 않았으며, 전부 새로운 것이기 때문이다.

마침내 카를 5세가 프로테스탄트 지도자들을 쳐부수고 비텐베르크를 함락시킨 뒤에도 1548년까지는 이런 일들이 전혀 일어나지 않았다. 대신에, 1530년 말 작센의 선제후 요한과 헤센의 백작 필리프가 제후들과 도시 관리들을 모아 슈말칼덴시에서 회의를 열고 그 도시의 이름을 딴 동맹을 만들었다. 1532년 카를 5세는 교회의 보편 공의회가 열릴 때까지 휴전한다는 데 동의했으며, 1539년 갱신된 이 휴전협정 덕분에 프로테스탄트 동맹은 재빨리 확장하여 제국 안에서 위협적인 정치 군사 진영을 형성할 수 있었다.

루터는 그의 생애 마지막 14년 동안, 1532년 아버지 선제후 요한이 죽은 뒤 그를 계승해 작센의 새로운 선제후가 된 요한 프리드리히의 신민으로 지냈다. 요한 프리드리히는 정치적 문제들을 다루는 루터의 날카로운 혀를 전혀 제약하려 들지 않았다. 오히려 이 개혁가가 격렬한 논쟁을 잘하기로 유명한 재능을 슈말칼덴 동맹의 원수인 가톨릭에 맞서 사용할 수 있도록 격려했다. 루터는 기꺼이 이에 응했는데, 특히나 동맹이 맞닥뜨린 주요 문제가 교황 바오로 3세의 명령으로 마침내 1537년에 열리게 된 보편 공의회에 참석할 것인지를 결정하는 일이었기 때문이다. 선제후 요한 프리드리히는 공의회 참석을 현명한 처사라 생각하지 않았다. 동맹에 가입된 제후들과 다른 프로테스탄트 제후들이 이 사안을 논의하고자 1537년 초 슈말칼덴에 회동했다. 루터는 이 모임을 위해 다가오는 공의회에서 협상 대상이 될 수 있는 주제들과 될 수 없는 주제들을 목록으로 정리해 신학적 증서로 작성해달라는 부탁을 받았다. 루터는 이미 앞서 발간한 소논문 서너 편에서 교황이 소집하는 공의회가 절대 자유롭고 열려 있는 토론의 장이 될 리 없다고 주장했지만, 슈말칼덴 조항Schmalkald-ische Artikel으로 알려진 이번 증서를 통해 다시금 교황은 적그리스도이며 교황 제도는 교회에 아무 쓸모도 없고 인간이 만든 허구일 뿐이라고 주장했다. '악마에 의해 그러한 우두머리가 들어올려지지 않았더라면 훨씬 좋았을 것이다.' 하지만 이런 공의회에 대한 전망이 기회가 되어 루터는 역사적으로나 정치적으로 의미심장한 논문 「공의회와 교회Von den Konziliis und Kirchen」를 써서 1539년 출간했다. 그는 공의회 자체가 모순적이며, 그렇기 때문에 교회의 개혁을 정초할 만한 기반이 되지 못한다는 것을 교회의 역사를 통해 논증했다. 공의회의 우선적 기능은 고대의 신앙을 지켜내는 것인데, 이는 이미 성경에 기초한 종교개혁으로 회복된 것이었다. 그러므로 교황이 소집하는 공의회가 개혁가들이 복구하고 있는 정통 그리스도교에 이로울 리 없었다.

두 차례 더 분쟁에 휘말리면서, 루터는 죽기 전에 곤란한 정치적 논란에 발을 들이게 되었다. 첫번째 분쟁은 헤센의 백작 필리프의 중혼重婚 때문에 일어났다. 1524년 이후 충직한 프로테스탄트 신자로서 슈말칼덴 동맹의 뛰어난 지도자가 된 필리프는 유명한 오입쟁이이기도 했다. 1540년 그는 이미 작센의 크리스티나Christina von Sachsen와 슬하에 열 명의 자녀를 두고 있었지만, 이혼하지 않은 채로 잘레의 마르가레테Margarete von der Saale와 중혼했다. 필리프는 마르가레테의 강요에 떠밀려, 중혼만이 유일하게 그가 도덕적으로 구속救贖될 수 있는 길이라 주장하고, 만약 개혁가들이 그에게 축복해주지 않는다면 카를 5세 황제를 지지할 것이라 위협하면서 마르틴 부처와 루터와 멜란히톤 등의 신학자들에게 용인을 구했다. 루터와 멜란히톤은 마지못해 고백성사실에서 주는 비밀 조언 형태로 결혼을 승인했으나, 중혼 사실이 세간에 드러나면서 관련자들은 모두 중대한 과오를 범한 것으로 비난받았다. 이 중혼으로 필리프 편에 있던 프로테스탄트 동맹들이 떨어져나갔다. 그리고 그가 제국의 법률에 따라 기소되지 않으려고 황제에게 중립을 지키겠노라 약속했다는 사실이 밝혀지자 그에 대한 정치적 신뢰는 무너져내렸다.

두번째 분쟁은 가톨릭 신자인 볼펜뷔텔의 공작 하인리히

Heinrich von Wolfenbüttel와 프로테스탄트 지도자들인 필리프와 요한 프리드리히 사이에 오랫동안 이어져온 불화가 그 씨앗이었다. 1538년에 일어난 서너 건의 사건들로 갈등이 악화되자 양쪽 모두 조롱과 거친 모욕과 욕설이 담긴 인쇄물로 공격을 퍼붓는 지경에 이르렀다. 하인리히는 요한 프리드리히를 드러누워 있는 뚱뚱한 주정꾼, 이단자, 배교자, 괴물로 그려놓았다. 루터는 이러한 공격에 대응해달라는 부탁을 받았다. 하인리히가 만든 소책자에서는 루터 또한 자신의 제후인 요한을 두고 목에 소시지를 두른 광대 '한스부르스트Hanswurst' (일반적인 독일 광대의 이름. 독일어에서 한스Hans는 흔한 남자 이름이며 Wurst는 소시지나 순대를 뜻한다—옮긴이)라 부른다면서 비난했다. 루터는 이러한 비난을 부인했으며, 형세를 뒤집어 하인리히에게 '한스부르스트'라는 꼬리표를 붙이고, 하인리히가 루터의 선제후를 공격하며 사용한 거칠고 폭력적인 말들로 그를 규탄했다.

루터의 격렬한 비판을 담은 『한스부르스트 반박Wider Hanswurst』은 제후들 사이의 분쟁을 해결하거나 정치 풍자가로서 루터의 명성을 높이는 데 전혀 도움이 되지 못했다. 하지만 루터의 전체 경력과 1555년에 이루어진 독일 종교개혁에 관한 최초의 합의가, 정치와 종교의 뒤엉킨 관계에서 영향을 받았다는 것을 입증해 보여주었다. 이 합의 내용을 보면 아우크스부르크신앙고백을 고수하는 제후들과 시의회들에게 황제나 다른 권위의 간섭 없이 자기 영역의 종교를 루터교로 유지하고, '다른 권리들과 특전들뿐 아니라 종교적 믿음과 전례와 예식을 평화로이 누리'도록 권리를 보장했다. '구교舊敎'를 고수하던 각 영지와 제후에게도 같은 권리들이 보장됐으며, 어떤 영지도 '다른 영지의 신민들을 설득해 그들의 종교를 포기하도록 시도'해서는 안 되었다. 이로써 독일은 종교적으로 분열되었다. 루터가 자신이 원하는 것은 다만 '교황의 끔찍하고 이교도적이며 반反그리스도교적인 통치 후에, 독일 민족이 자유로운 그리스도인이 되도록 도울 만한 능력과 의향을 가진 사람들을 각성시켜 생각하도록 하는 것'이라 선언했을 때 생각했던 결과는 아니었다. 물론 루터가 염두에 두었던 결과는 카를 5세의 전임 재상이었던 메르쿠리노 데 가티나라Mercurino de Gattinara가 황제를 위해 계획했던 것과도 당연히 달랐다. 가티나라는 독일 전체를 영광스러운 보편 군주국의 일부로 만들고자 했었다. 1556년에 이르자, 그때까지 정치적 문제들을 물리도록 겪은 카를 5세는 바둑판처럼 나뉜 영토들을 한 조각씩 포기하기 시작했다. 제국의 나머지 부분들은 그의 동생인 오스트리아 공작 페르디난트Ferdinand에게 넘겨주고, 1557년 카스티야 지방의 유스테 수도원Monasterio de Yuste 옆에 있는 집으로 물러났다. 그에게 남은 마지막 18개월 동안

카를 5세는 정원에서 일하고, 좋은 음식으로 왕성한 식욕을
채우고, 플루트를 연주하고, 모아놓은 수집품들을 감상하고,
낚시하러 다녔다.

제 7 장

수도사에서
가정적인
남편으로

　종교개혁은 종교적 관례에 대한 논쟁으로 촉발되었다. 영
국에서는 헨리 8세가 아들 후계자를 얻고자 하는 욕망에서
비롯했지만, 비텐베르크에서는 대사에 주어지는 지나친 권
리들이 루터의 95개 논제를 불러일으켰다. 취리히에서는 단
식 규정 위반이 계기가 되었으며, 스트라스부르에서는 성직
자의 혼인할 권리가 쟁점이었다. 이 마지막 쟁점에 대한 논쟁
은 다른 논쟁들보다 더는 아니더라도, 그만큼 중요한 것이었
다. 가장 오래된 수도회들은 오래전부터 남녀 모두에게 순결
서원을 의무로 요구했으나, 서유럽에서 세속 사제들(수도자
가 아닌 사제들)에게 결혼하지 않은 상태를 유지할 것(성직자
독신주의)을 엄격하게 요구하기 시작한 것은 12세기부터였

다. 개혁가들이 오직 성性과 배우자와 자녀에 대한 욕망 때문에 성직자들의 혼인할 권리를 주장한 것은 아니었다. 첩을 두고 살았던 사제들에게는 이 세 가지가 모두 가능했으며, 그러한 사제들이 무척 많아서 주교들은 손목을 때리는 것처럼 가벼운 질책만 하고 허락할 정도였다. 개혁가들은 혼인할 권리를 인정하는 것이 이 같은 위선을 막는 일이며, 성경에서 이를 금하는 내용이 하나도 없다고 주장했다. 혼인은 원하는 모든 이들이 할 수 있도록 하느님이 성스럽게 제도화된 삶의 형태로 예정하신 것이었다. 개혁가들이 생각하기에는 극소수의 사람들만이 독신으로 남아 성관계를 끊고 살 수 있었다. 취리히의 개혁가인 울리히 츠빙글리와 동료 열 명은 1522년 콘스탄츠의 주교에게 제출한 혼인 승인 청원서에서 다음과 같이 고백했다.

그리하여 〔독신의〕 법을 준수하려 노력했으나, 아, 충분히 성공을 거두지 못한 우리는 하느님의 선물이 우리에게 허락되지 않았음을 알았으며, 정결에 대한 우리의 불운한 시도들을 어떻게 치유할 수 있을지 우리 내부에서 오랫동안 숙고해보았습니다.

개혁가들에 따르면, 성직자의 결혼은 그들의 개혁을 뒷받침하는 중심 메시지 곧 그리스도인의 자유에 대한 증언을 공개적으로 실증하는 것이었다. 그리고 그들은 정말로 그것을 실증해 보여주었다. 안드레아스 카를슈타트가 안나 폰 모하우와 결혼한 사실은 이미 앞 장에서 언급했는데, 거기에서 비롯한 충격은 그의 나이가 그녀의 나이보다 두 배나 더 많았다는 것이 아니라 결혼했다는 사실 그 자체 때문이었다. 그들의 공개 약혼식은 동료 유스투스 요나스와 필리프 멜란히톤이 참석한 가운데 이루어졌으며, 이 두 사람은 카를슈타트와 동반해 약혼녀의 고향 마을까지 함께 갔다. 그리고 선제후 프리드리히에게 보낸 약혼 발표에서 그리스도인의 자유와 결혼 사이의 연결 관계를 명백히 했다. 울리히 츠빙글리는 아이가 셋 딸린 과부 안나 라인하르트Anna Reinhart와 2년 동안 비밀 약혼 관계에 있다가, 1524년 공개 결혼식을 올렸다. 결혼과 동등하게 여겨지던 약혼 관계가 비밀에 부쳐졌던 것은 정치적 이유와 가정 안에 있던 민감한 이유들 때문이었다. 개혁가 마르틴 부처는 1522년 도미니코회를 떠나, 이전에 수녀였던 엘리자베트 질버라이젠Elisabeth Silbereisen과 결혼했으므로, 스트라스부르에 왔을 때 이미 유부남이었다. 1524년에 그는 스트라스부르 최초의 복음주의 설교가인 마태우스 첼Mattäus Zell과 카타리나 쉬츠Katharina Schutz의 결혼식을 주례했다. 카타리나는 그녀 스스로 개혁가를 자처했으며 그들의 결혼을 옹호하는 글을 써 출간했다. 그녀는 자신이 사제와 결혼한 것이 하느님께 영광을 드리고, 자신처럼 사제와 결혼한 다른 여성들을 지지하며, 성경이 명백히 허락한 바를 따르고, 첩을 두고 사는 사제들의 수치스러운 행동에 거룩한 대안을 실증해 보여준 것이라고 말했다. 결혼식에는 호기심이 인 시민들과 두 사람의 결혼을 지지하는 시민들의 무리가 엄청나게 모여들었다. 1523년, 루터의 아우구스티노회 동료 수사였다가, 비텐베르크에서 남쪽으로 120킬로미터가량 떨어져 있는 알텐부르크Altenburg의 복음주의 목사가 된 벤첼 링크Wenzel Linck가 결혼할 예정이라 공표했다. 비텐베르크에서는 루터와 여러 동료들이 이 결혼식에 참석했기 때문에 신학 강의들이 취소됐다.

1525년 6월, 마르틴 루터와 카타리나 폰 보라Katharina von Bora(1499~1552)가 결혼식을 올렸을 때, 그들은 제대 앞에 늦게 도착한 셈이었다. 루터의 가까운 동료들은 이미 결혼했으며, 예외였던 슈팔라틴도 루터가 결혼한 뒤 6개월이 지나 결혼하고 암스도르프만 미혼인 채로 남았다. 결혼 2년 전에 비텐베르크로 오게 된 카타리나의 이야기는 매우 유명하다.

그녀는 아버지의 영지인 남부 라이프치히에서 태어났다. 부모 모두 귀족의 후손이었으면서도 더는 부유하지 않았다. 그녀의 어머니가 죽자, 카타리나는 베네딕도회에서 운영하는 학교에 보내졌으며, 5년 뒤 열 살 나이에 작센 지방의 그림

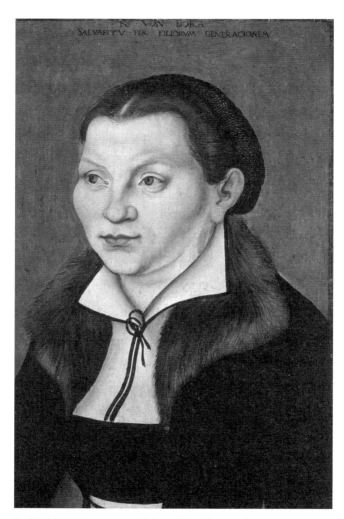

7. 카타리나 폰 보라Katharina von Bora(루카스 크라나흐 작作. 1528년).

SALVAEIT V. PER FILIORVM GENER ACIONEM

K. VON BORA

마Grimma 근처에 있던 시토회 소속 마리엔트론 수녀원Kloster Marienthron에 들어갔다. 당시 이 지방은 종교개혁에 반대하는 게오르크 공작이 지배하고 있었지만, 루터의 사상이 마리엔트론에도 알려졌고, 몇몇 수녀들은 적대적인 환경에서 벗어나길 원했다. 이 수녀들은 수녀원에 정기적으로 물건을 대어주던 상인 레온하르트 코페Leonhard Koppe의 도움을 받아 도망치기로 계획을 세웠다. 1523년 부활절 일요일 밤에 수녀 열두 명이 코페의 마차를 타고 마리엔트론에서 작센 선제후의 영지인 토르가우로 황급히 이동했다. 이들 중 세 명은 가족에게 돌아갔으나, 나머지 아홉 명은 격식을 갖춘 호위를 받으며 비텐베르크로 갔다. 그곳에서 카타리나는 루카스 크라나흐Lucas Cranach와 바르바라 크라나흐Barbara Cranach의 커다란 집에서 살았던 것으로 생각된다. 그로부터 오래지 않아, 카타리나는 이전에 비텐베르크의 학생이었다가 1523년 다시 비텐베르크를 방문한 히에로니무스 바움개르트너Hieronymus Baumgärtner를 만나 사랑에 빠졌다. 하지만 바움개르트너는 뉘른베르크에 있는 자신의 명문가 가족에게 돌아간 뒤로 그녀와 관계를 이어가려 하지 않았으며, 결국 더 나은 가문의 더 어린 여자와 결혼했다. 그러자 루터와 암스도르프는 카타리나를 카스파르 글라츠Kaspar Glatz에게 시집보내려 했다. 그는 바움개르트너보다 나이가 많았고 오를라뮌데의 목사직을 맡고 있었다. 하지만 카타리나는 이 결혼을 거부하고, 그녀 자신이 선택해야 한다면 암스도르프나 루터 중 한 사람과 결혼하고 싶다고 말했다.

결국 결혼하게 된 것은 루터였지만 정확히 어떻게 해서 그러한 합의에 이르렀는지는 누구도 알지 못한다. 그러나 혼인 서약 교환과 2주 후의 결혼 피로연 사이에, 루터는 이러한 조치를 취하게 된 동기를 암스도르프에게 밝혔다.

실은, 내 주변에서 거리낌없이 상스럽게 빙빙 돌고 있는 험담을 미연에 방지하고자 카타리나와 갑자기 결혼하는 것이란 소문은 사실이네. 〔……〕 나는 손주를 얻고 싶어하셨던 아버지의 바람을 이룰 수 있으니, 이 새로운 기회를 거부하고 싶지 않다네. 동시에 나는 이를 실천함으로써 내가 가르쳐왔던 것들이 사실임을 확인해주고 싶다네. 복음이 그토록 밝은 빛을 비춰주는데도 여전히 많은 사람이 자신 없어한다는 것을 알기 때문이지. 하느님이 이 일을 계획하셨고 일어나게끔 만드신 걸세. 내 배우자에게 열정적인 사랑이나 타오르는 마음을 느끼는 것은 아니지만, 그녀를 아끼고 있다네.

결혼식을 올린 1525년 6월 13일까지 루터와 카타리나는 서로 2년 동안 알아왔다. 그럼에도, 루터가 살고 있던 아우구스티노회 수도원 경내에서 단출한 예식이 열리자 비텐베르크 사람들은 대부분 깜짝 놀랐다. 시 교회의 부겐하겐 목사와 유스투스 요나스(이후에 그는 그때 울지 않을 수 없었노라 말했다), 요한 아펠Johann Apel(교회법 교수로 이미 전직 수녀와 결혼한 상태였다), 루카스 크라나흐와 바르바라 크라나흐 부부가 증인이 됐다. 그들은 바일라거Beilager 예식, 곧 신랑과 신부가 결혼 침대에 잠시 함께 누워 있는 동침 예식까지도 지켜보았다. 카타리나의 결혼 예물은 필시 덴마크의 왕 크리스티안 2세 Kristian Ⅱ가 1523년 크라나흐 집안을 방문했을 때 준 금반지였을 것이다. 루터가 자신의 부모와 친구, 그리고 앞서 언급한 링크, 수녀들의 탈출을 도왔던 레온하르트 코페를 비롯해 여러 사람을 도시 외부에서 초대했기 때문에 관례적인 피로연은 2주 뒤에나 열렸다. 대학에서는 은으로 만든 커다란 사랑의 잔(loving cup: 양쪽에 손잡이가 달려 있는 잔. 연회에서 술을 돌려가며 마시는 데 사용했다―옮긴이)을 보냈으며 선제후 요한은 신혼부부에게 100굴덴을 주고 수도원 안에 살림을 차릴 수 있도록 허락했다.

루터는 암스도르프에게 카타리나를 열정적으로 원하지는 않았지만, 그녀를 아끼고 있다고 말했지만, 그렇다고 그가 자기주장의 정당함을 보여주려고 애정도 없이 결혼한다는 것은 아니었다. 그는 자주 카타리나에게 사랑과 감사를 표현했으며, 그녀에게 의지할 만한 이유도 충분히 있었다. 그녀는 여섯 아이를 낳았을 뿐 아니라 친척들, 잦은 손님들, 학생들까지 포함하는 큰 집안 살림을 기운차게 꾸려나갔다. 그녀는 때때로 『탁상담화』에 기록된 원탁 대화에 참여했으며, 온 마음을 다해 개혁을 지원했다. 카타리나는 요령 있는 사업가이기도 해서 몇몇 토지들을 관리하고 있었다. 그중 한 곳은 1540년에 자기 형제에게서 구입한 것으로 고향인 남부 라이프치히와 가까운 칠스도르프Zölsdorf에 있었다. 그곳은 그녀가 가장 좋아하던 행선지로, 그녀는 그곳에서 몇 주씩을 보내곤 했다. 그 땅을 산 뒤, 루터는 그녀에게 보내는 편지에서 '몸은 비텐베르크에 머물고 있으나 영혼은 칠스도르프에서 살고 계신 부유한 여주인 카타리나 루터 부인, 내 사랑하는 이에게'라며 장난스레 그녀를 부르고 있다. 1540년, 루터는 카타리나에게 주는 선물로 정교한 조각 장식을 집 현관에 설치하게 했으며, 이것이 오늘날까지 남아 있는 '카타리나의 문Katharinenportal'이다.

1546년 마르틴 루터가 집에서 멀리 떨어진 곳에서 눈을 감았을 때, 카타리나는 이제 마흔일곱 살이었다. 그로부터 얼마 지나지 않았을 때 그녀는 올케인 크리스티나 폰 보라Christina von Bora에게 그녀의 깊은 슬픔을 털어놓았다. '내가 공국이나 제국을 소유했다가 잃었다 한들, 우리 주님이신 하느님께서 내게서 ─ 그리고 나뿐만 아니라 온 세상에서 ─ 이렇게 소중하고 훌륭한 이를 데려가셨을 때 느꼈던 만큼 마음이 아프지는 않을 겁니다.' 카타리나는 7년 가까이 더 살았으나, 그 시간은 '뒤이은 전쟁 기간 동안 아버지를 잃은 아이들과 함께, 극도로 어려운 주변 환경과 위험 속에서 망명자 신세로 떠돌아다닌' 고난의 시기였다. 프로테스탄트 진영이 패배한 슈말칼덴 전쟁(1546~7)중에 그녀와 아이들은 비텐베르크에서 두 번이나 피난했는데, 두번째 피난 때는 멜란히톤과 다른 동료 한 명과 함께 브라운슈바이크Braunschweig로 갔다. 그녀는 덴마크 왕에게 영구 망명을 청했으나 받아들여지지 않았다. 그러나 덴마크 왕은 그녀가 비텐베르크에서 수도원을 하숙집으로 다시 열고 난 뒤에 그녀와 그 자녀들에게 1년 치 수입을 제공했다. 1552년 도시에 전염병이 돌아 위험에 처했을 때, 카타리나는 토르가우로 피했으나, 말들이 날뛰며 달아나는 바람에 부상을 입고 말았다. 그뒤로 석 달 동안 자리만 보전하다가 1552년 12월 53세의 나이로 세상을 떠났다. 그녀는 토르가우의 교회에 묻혔으며, 겨울옷을 입고 성경을 들고 있는 그녀의 모습을 새긴 묘비가 세워져 그녀를 기념했다.

자녀 여섯 명 중 네 명이 루터와 카타리나보다 오래 살았다. 조부의 이름을 따서 이름 지은 장남 한스Hans(1526~75)는 종교개혁의 초기 지지자인 프로이센의 알베르트 공작에게 지원을 받아 비텐베르크와 쾨니히스베르크Königsberg에서 법학을 공부했다. 그는 어머니가 죽기 1년 전 비텐베르크로 돌아왔고, 이후 바이마르와 브란덴부르크Brandenburg 궁정의 법률고문으로 일했다. 루터는 아우크스부르크 제국의회(1530)가 열리고 있을 때, 이제 네 살이 되는 한스에게 편지를 보내 부지런히 공부하고 기도하라고 격려하면서 그리하면 금으로 된 고삐와 은으로 된 안장을 찬 조랑말들과 달콤한 과일들, 황금 호루라기와 북, 고운 은빛 석궁으로 가득찬 마법 정원에 들어갈 수 있다고 약속했다. 둘째 아이 엘리자베트Elisabeth(1527~8)는 비텐베르크에서 페스트가 잦아들 때 태어났으나, 8개월 뒤에 죽고 말았다.

엘리자베트가 죽은 뒤 1년이 안 되었을 때, 루터는 카타리나가 해산하러 들어간 지 세 시간 만에 별 어려움 없이 '건강한 여자아이'를 낳았다고 암스도르프에게 알렸다. 이 딸아이가 막달레나 루터Magdalena Luther(1529~1542)다. 암스도르프는 '앞에서 말한 조그만 이교도'의 대부가 되어 '그녀가 천상의 소중한 성사인 세례를 통해 그리스도의 나라에 들어갈 수 있게 도와'달라는 부탁을 받았다. 아우크스부르크 제국의회(1530)가 열리는 동안 루터는 그의 아내에게서 이제 겨우 한 살이었던 어린 막달레나('렌헨Lenchen')를 그린 그림을 받고 카타리나에게 고마워하며, 보답으로 젖떼기에 대한 추천 방법들을 구해서 보내주었다. 루터에게 이 방법들을 전해준 아르굴라 폰 그룸바흐Argula von Grumbach는 종교개혁을 지지하는 저술이 현재까지 남아 있는 소수의 여성 작가 중 한 명이다. 그러나 1542년 막달레나는 오래 앓고 난 뒤에 아버지 품에 안겨 죽었다. 루터의 편지들과 『탁상담화』는 막달레나의 죽음이 부모 두 사람뿐 아니라, 여동생의 마지막에 함께하고자 집에 와 있던 오빠 한스에게도 극도로 괴로운 일이었음을 증언해준다. 딸의 사망 소식을 요나스에게 전하면서 루터는 자신의 감정과 씨름해야 했다.

내 소중한 딸 막달레나가 그리스도의 영원한 왕국에 다시 태어났다는 소식을 자네가 이미 전해 받았으리라 생각하네. 나와 아내는 막달레나가 이 육체와, 이 세계와, 튀르크인들과 악마의 힘에서 벗어났으며, 그토록 행복한 출발과 축복받은 결말에 이르렀음을 기뻐하며 감사를 드려야 할 걸세. 그러나 우리의 자연적인 사랑의 힘이 너무나도 커서 우리는 우리 마음으로 울고 슬퍼하지 않고서는, 혹은 우리 자신이 죽음을 경험하지 않고서는 그렇게 할 수 없을 것 같네. 살아 있으면서 죽어가던 딸아이의 생김새와 말과 몸짓들이 가슴 깊이 묻혀 남아 있다네. 그리스도의 죽음조차도 (……) 그렇게 이 모든 것을 가져가버릴 수는 없을 것이네. 그러니, 자네가 우리를 대신해 하느님께 감사를 드려주게. 참으로 하느님께서 우리의 육신을 이렇게 영광스럽게 해주셨을 때 우리에게 은총의 위대한 일을 해주셨던 것이기 때문이라네. 막달레나는 (자네도 알다시피) 천성이 순하고 사랑스러워서 모두에게 사랑받았지. 〔……〕 하느님께서 나와 내 사랑하는 이들과 우리의 친구들 모두에게 그러한 죽음을—아니, 오히려 그러한 삶을 허락하시기를.

루터와 카타리나에게는 살아 있는 아이들 네 명이 남겨졌다. 한스 외에 세 아이들은 막달레나 다음에 태어났다. 아들 마르틴Martin(1531~65), 사도의 이름을 따서 이름 지은 아들 파울Paul(1533~93), 홍역으로 죽을 뻔했던 딸 마르가레테Margarethe(1534~70)가 그 아이들이다. 어머니 카타리나가 죽었을 때 겨우 열여덟 살이었던 막내딸은 그후 3년 뒤 귀족이며 동東프로이센의 정부 관리인 게오르크 폰 쿤하임Georg von Kunheim과 결혼했다. 마르가레테는 그녀의 아버지가 어머니에게 직접 써 보낸 편지 다섯 통을 간직하고 있다가 쾨니히스베르크에 보관해두었다. 파울 루터는 의학을 공부해 교수가 되었으며, 작센 지방 공작들의 개인 외과의로도 일했다. 마르틴은 신학을 공부했는데 30대에 요절했다. 아들 셋 모두 루터의 마지막 여행에 함께했으며, 그가 아이슬레벤에서 죽었을 때 가까운 만스펠트에 있었다. 그들은 어머니와 누이 뒤에 서서 비텐베르크 성문에서 출발해 시 교회에 이르는 장례 행렬을 따라 걸었으며, 루터는 그곳에 묻혔다.

여러 자료를 가지고 판단하건대, 루터의 가족은 이전에 수도원에 살던 전직 수사와 전직 수녀가 비정상적일 만큼 큰 가족을 이루었던 것임을 감안하더라도 정말 행복한 가족이었다. 루터를 숭배하는 주석가들이 이후에 이들 가족을 전형적인 프로테스탄트 목사 가정으로 그려놓았지만, 그것이 실제 루터의 가정생활 그대로가 아니었던 것은 확실하다. 루터의 편지들은 부모와 자녀, 루터와 카타리나 사이에 맺어진 헌신적이면서도 유쾌한 관계들을 보여준다. 게다가 그들의 집은 사람들만이 아니라 음악으로도 가득차 있었다. 루터는 음악을 좋아해서 음악은 신학 바로 아래에 있는 하느님의 탁월한 선물이라고 했다. 방문객들은 루터가 자신의 자녀들, 학생들, 손님들과 화음을 이뤄 노래하며 저녁 시간을 보내곤 했다고 알려줬다. 루터와 가까이에서 함께 일했으며 '많은 시간 동안' 이 개혁가와 함께 노래했던, 성가대 독창자 요한 발터는 노래를 향한 루터의 욕구가 끝이 없음을 보았다.

루터의 집안은 대체로 행복했다. 루터와 카타리나는 더이상 결혼을 성사로 여기지는 않았지만, 혼인생활을 진지하게 여겼다. 아마도 이렇듯 진지한 태도가 행복한 가정생활을 유지할 수 있었던 이유였을 것이다. 수도 생활과 사제들의 계율에서 결혼하지 말 것을 요구하는 데 반대해, 루터는 결혼을 하느님께서 인류를 위해 정부와 교회 옆에 나란히 세우신 참된 질서들 중 하나로 명명했다. 루터는 결혼, 정부, 교회라는 사회 영역들을 '참된 그리스도인의 질서들'이라 불렀는데, 그 이유는 그가 결혼을 그리스도인만의 것이라 생각하지 않고, 누구에게나 결혼하고 국가의 직무를 맡고 공공의 예배를 드리는 것이, 독신 생활을 하고 공직을 거부하고 선택된 수도자 집단 안에서 은둔하는 것보다 더 낫다고 여겼기 때문이다. 루터는 중세 교회에서 그리스도인과 이교도 사이의 결혼을 금지한 데 대해 분노했다.

그러므로 결혼이란 다른 어떤 세속적인 일들과 같이 외적이고 육체적인 사안이란 점을 아십시오. 내가 이교도 유대인이나 튀르크인이나 이단자들과 함께 먹고 마시고 자고 걷고 타고, 그들에게서 무언가를 사고 그들에게 말하고 그들과 거래하는 것같이, 그들 중 한 사람과 결혼해 혼인의 유대를 계속해나갈 수도 있습니다. 이를 금하는 저 바보들에게 신경쓰지 마십시오. 여러분은 많은 그리스도인이—그들 중 훨씬 더 많은 다수가—그 어떤 유대인이나 이교도나 튀르크인이나 이단들보다도 그들의 비밀스러운 불신앙이란 면에서 더 심하다는 것을 알아차리게 될 것입니다. 해이한 그리스도인들과 겉으로만 꾸민 그리스도인들은 말할 것도 없고, 이교도들 또한 하느님의 피조물이며, 성 베드로와 성 바오로와 성 루치아같이 남자와 여자인 것입니다.

그것을 금하는 저 '바보들'에는 결국 로마가톨릭교회만이 아니라 장 칼뱅까지 포함되었다.

결혼이란 모든 사람에게 해당하는 영역이었으므로, 루터는 '그리스도인의 결혼'이라는 용어를 거의 사용하지 않고, 그 대신 '결혼한 신분으로' 경건한 삶을 살아가는 방법을 신자들에게 조언했다. 개혁가들은 대부분 16세기 독일에서 결혼이 위기를 맞고 있다는 데 동의하고 있었으므로 이들에게 이 사안은 시급한 문제였다. 어떤 작가는 '부부가 서로를 가장 필요로 하는 위급 상황에서 한 사람이 배우자를 버리고 떠나는 〔……〕 이혼과 유기遺棄가 만연하는' 통제 불가능 상황이 되었다고 선언했다. 1522년, 루터는 다음과 같이 썼다.

도처에서 혼인생활이 지독한 오명 속으로 떨어져버렸다. 여성들의 타락과 혼인생활의 불행만을 다룬 이교도적인 책들이 많다. 그리하여 어떤 이들은 지혜 그 자체도 여성이라면, 지혜와도 결혼하지 말아야 한다고 생각할 지경이 되었다.

이와 달리 믿는 이들은 결혼이 하느님이 주신 선물이며 하느님이 제정하신 것임을 인정해야 한다. 그리스도인 부부는 서로 존중해야 하고, 자녀를 낳고 기르는 부담과 기쁨을 함께 나눠야 한다. 이러한 조건들 아래서 이혼은 허락되지만, 그리스도인 부부는 혼인을 해소하는 절차를 밟기 전에, 힘들게 하는 상대방을 용서하고 참아줘야 할 것이다. 성적 쾌락이 금지되지는 않았지만, 루터는 성관계에 언제나 죄가 따른다는 아우구스티누스의 생각에 동의했다. 그러나 '결혼이란 것이 하느님의 작품이므로, 하느님은 은총으로 이 죄를 양해해주신다. 그리고 그분이 결혼 안에 심어놓고 축복하신 그 좋은 것들을 전부 바로 이 죄 안에, 이 죄를 통해 보존하신다'. 이러한 생각은 역시 카타리나라는 이름의 여인과 결혼한 게오르크 슈팔라틴에게 보낸 편지에서 생생하게 설명되어 있다. 루터는 편지에서 슈팔라틴에게 축하 인사를 건네고, 정말 결혼식을 놓치고 싶지 않았다고 말한 뒤에 그의 아내에게 아주 다정한 인사를 대신 전해줄 것을 부탁하며 다음과 같이 말을 이었다.

그리고 또 이렇게 하게나. 침대에서 자네가 가장 감미로운 입맞춤으로 카타리나를 안을 때, 속으로 이렇게 생각하게. '나의 그리스도께서 이 사람을, 나의 하느님이 창조하신 가장 훌륭한 피조물을 내게 주셨으니, 그분께 찬양과 영광을.' 자네가 이 편지를 받게 되는 날에, 그리고 그날 밤에 나도 자네를 생각하며 내 카타리나를 이같이 사랑해주리라 생각하네.

가족과 남녀관계에 대한 루터의 관점은 여러 가지가 뒤섞인 비평을 받았다. 예를 들어, 독신을 더 완벽한 신분으로 예찬하던 데서 결혼의 존엄함을 탈환하는 것이 그의 의제였으므로, 루터는 독신 생활의 완전함을 강조하지 않았다. 하지만, 루터는 독신 생활이 '그리스도의 도우심과 은총을 부정하는' 데 사용되지 않는다면 결혼하지 않은 채로도 명예롭게 살 수 있다고 긍정했다. 여성의 역할을 가정 영역에만 한정시키고 자녀를 원치 않는 부부들에 대해 날카롭게 비판하는 경향은, 16세기 독일의 가부장적 문화와 배우자나 자녀의 이른 죽음으로 모든 가정이 위협받고 있던 상황을 반영했다. 대부분의 동료들과 마찬가지로 루터 또한 동성애 관계를 인정하지 않았다. 동성애는 당시에 '입에 담을 수 없는 죄', '조도미 Sodomie'(구약성경 창세기에서 하느님의 진노를 사서 멸망하는 죄악의 도시 소돔Sodom에서 유래한 말이다. 창세기 19장에는 소돔에 살고 있던 아브라함의 조카 롯에게 천사들이 찾아왔을 때 도시의 남자들이 롯의 집에 몰려가 롯의 손님들과 함께 즐기겠다며 그들을 내놓으라고 하는 장면이 등장한다—옮긴이), '이탈리아 결혼'이라고 멸시당했다. 이러한 말들은 주로 성직자에 대한 독신 생활

규정과 관련해 성직자들이 저지르는 성범죄를 비난하는 구절들에서 등장했다. 이 모든 사안에 대한 루터의 의견은 당시의 관습에 있던 편향적 태도들과 그의 성경 독해 방식으로 형성된 것이었다. 그러나 다음과 같은 언급들은 열기를 띠고 전달되었다.

고대의 의사들이 결혼이란 자녀와 정절과 사랑 때문에 예찬할 가치가 있다고 설파한 것은 옳았다. 그러나 육체적 유익 또한 소중하며, 결혼의 최고 미덕으로서 칭송받아 마땅하다. 곧, 배우자들은 서로 의지하며, 신뢰하고 자신들이 가진 것 전부를 의탁한다. 그리하여 배우자와 함께하는 것은 자기 자신과 함께하는 것만큼이나 안전하다.

제 8 장

천사와 악마

    루터의 가정에서 자녀 둘이 죽은 것은 16세기 유럽에선 드문 일이 아니었다. 기후는 혹독했으며, 위생 상태는 형편없었고, 전염병이 자주 돌았다. 역사학자들이 16세기를 초기 근대의 시작으로 보긴 하지만, 생활 조건이나 문화 의식의 관점에서 보자면 여전히 중세 말에 가까웠고, 마르틴 루터는 중세의 인물이었다. 아메리카 대륙이 이미 발견되었고, 수 세기 전부터 유럽인들은 이미 아시아와 북아프리카에 대해 알고 있었지만, 루터는 대부분의 동시대인들처럼 여전히 좁다란 유럽이라는 그리스도교 세계의 테두리 안에서만 살았다. 그는 자신이 살던 시대를 중세나 근대라는 개념으로 생각하지 않았으며, 훗날 사람들이 분류한 것처럼 그리스도교를 가톨릭과 프로테스탄트로 나누지도 않았다. 그에게 종교개혁이 역사의 분수령이 되었던 까닭은, 오랫동안 교황의 통치 아래 감금되어 있던 서구 그리스도교 세계를 종교개혁으로 해방함으로써 새로운 시대를 열었기 때문이다. 그는 1520년 이후 줄곧 서구 교회가 '로마에 있는 교황'에게서 해방되어야 한다고 확신했다. 이제 교회의 개념은 루터에 의해 '참된 믿음과 소망과 사랑' 안에 살아가는 신자들을 망라하는 것으로 확장되었다.

슬프게도, 루터의 보편 교회와 해방된 그리스도교 세계라는 원대한 비전에서는 모든 비신자들과 함께, '참된 믿음과 소망과 사랑'에 대한 루터의 정의에 동의하지 않는 이름뿐인 그리스도인들 또한 배제되어야 했다. 여전히 교황의 충성스러운 신민으로 남아 있는 '교황주의자들'이나 '로마파', 그가 광신자와 성찬형식주의자(재세례파와 스위스 개혁가들)라고 불렀던 비非로마 개혁 집단들, 유대교와 이슬람의 추종자들 때문에 유럽의 그리스도교 세계가 안팎으로 위협받고 있다고 루터는 생각했다. 유대인과 튀르크인은 루터가 언급한 것처럼 이미 중세시대에도 위협적으로 여겨졌으나, 16세기 초에는 유대인들이 여러 나라에서 추방되고 오스만튀르크 군대가 중부 유럽을 포위해 들어옴에 따라 그 위험이 더욱 강하게 느껴졌다. 루터는 이러한 위협들이 개혁을 억누르고, 심판의 날로부터 독일이 구원받기 전에 복음을 묻어버리려 하는 악마의 공격이라고 보았다. 심판의 날이 가까이 다가온 것은 확실했다. 역경이 크면 클수록 틀림없이 그 끝은 더욱 가까워 졌으며, 다만 몇몇 사람들을 구원하기 위해서라도 더 많이 항거하고 기도해야 했다. 그러므로 악마에 대한 루터의 믿음은 대중적인 미신보다 더욱 강력했다. 세속적인 운수만이 아니라 영원한 구원과 그리스도교 세계의 존속 여부까지도 걸려 있었기 때문이다.

루터는 당연히 천사들도 믿었으며, 9월 29일 '성 미카엘 대천사와 모든 천사의 축일'을 기념하며 그들에 대해 이야기했다. 1530년 해당 축일에 설교하며 모든 천사의 수호자 역할에 감사하도록 사람들에게 가르치는 대신, 그날 또한 이전에 다른 성인들의 축일처럼 미카엘 대천사에 대한 거짓과 미신을 저지르는 우상숭배 방식으로 기념되었음을 지적했다. 루터는 악마 또한 미카엘 대천사와 같이 천사로 창조됐다는 일반적 견해에 동의했다. 하지만 자신의 초자연적 능력을 사람들의 선익을 위해서만 사용하는 미카엘 대천사와 달리, 악마는 자신의 힘을 사람 해치는 데 써버리는 폭군이 되었던 것이다. 악마가 거리를 유지하며 어떤 개인적 위협도 가하지 않는다고 생각하는 사람들은 천사들의 중요성에 대해서도 제대로 알 수 없었다. 루터는 '악마가 이런 사람들에게는 입고 있는 치마나 셔츠보다도 더 가까이에 있으며, 살가죽보다도 더욱 단단히 둘러싸고 있다'며 경고했다. 천사들의 의무는 언제나 현존해 있는 악마가 신자와 그들의 가정, 배우자, 자녀들을 파멸시키지 못하도록 보호하는 것이었다. 다행히도, 전통적인 근거 텍스트(마태오복음 18:10)에 따르면 모든 신자에게 각자의 수호천사가 배치되어 있으며, 모든 천사는 사람들이 평화 속에 살기를 바란다. 그러나 복음주의자들은 천사를 숭배하거나 그들에게 기도하지 않았다. 그 대신, 천사들 덕분에 사람들이 악보다 선을 더 많이 보고, 밤보다 낮이 더욱 밝으며, 더 많은 사람들이 죽기보다는 살아가고 있고, 사람들의 집과 공동체가 안전하다는 사실에 하느님께 감사와 찬미를 드렸다.

　루터는 천사들을 높이 평가하면서도 대체로 악마에 대해 말했고, 이러한 불균형은 뚜렷했다. 그는 계속해서 악마에게 시달린다고 느꼈기에, 천사의 보호에 위로받기보다는 악마 때문에 겪는 불편으로 괴로워하는 일이 더 많았다. 그가 세상을 보았던 대로, 악마는 자신의 왕국을 개척하고 인류를 죄의 사슬에 묶어놓았다. 그리하여 불의와 참사가 세상을 채우고, 누구도 무죄하다 말할 수 없으며 심판을 피할 수 없게 되었다. 인류는 루터가 말하는 죄와 죽음과 악마의 불경한 삼두정치에 지배받고 있었으며, 루터가 보기에 복음이 이들의 힘을 약화시키고 믿음이 사람들을 해방시킬 때까지 이들의 지배가 계속될 것이었다. 그러나 주의 기도 중 여섯번째 청원('우리를 시험에 들게 하지 마시고')에 대한 루터의 설명에 따르면, 그러한 때가 오더라도 신자들은 여전히 위험에 처해 있다.

> 우리가 용서와 선한 양심을 얻고 죄를 사면받았더라도, 오늘 일어선 사람이 내일은 넘어지는 것이 삶이다. 그러므로 지금 우리가 선한 양심을 품고 하느님 앞에 똑바로 서 있더라도, 다시 한번 넘어져 여러 공격과 유혹 아래 무너지도록 허락하지 마시기를 하느님께 청해야 한다.

그리스도인의 실존은 너무나 연약하며 늘 악의 세력에 노출되어 있으므로 루터는 사방에서 다가오는 위험을 보았으며, 그에게 반대하고 그의 계획을 위협하는 것처럼 보이는 모든 이들을 악마의 사악한 위력으로 전가했다. 더욱이, 이 세상은 종말에 가까워지고 있었고, 지금만이 독일이 복음을 붙들 수 있는 때이며, 그것만이 그들의 유일한 희망이었다. 어떠한 형태로든 루터의 의제를 위협한다는 것은 남은 신자들에 대한 하느님의 구원을 허락하지 않겠다는 것이었다. 그로 인해 루터와 그를 반대하는 이들 사이에 벌어진 싸움들이 그의 인생을 지배하고, 종말론적 의의를 띠게 되었다. 죽기 1년

전, 지난 삶을 돌아보는 루터에게는 연이은 논쟁이 주로 떠올랐다. 가장 먼저 떠오른 것은 대사에 관한 것이었다. 그는 자신의 라틴어 저술집 머리말에서 이에 대해 다시 이야기했다. 루터의 기억에 따르면, 이 일이 있고 나서 성찬형식주의자 및 재세례파와 논쟁들이 이어졌다. 하나의 적수가 가면 다른 적수가 연이어 일어나 그에게 맞서는 것 같았고, 악마는 곳곳에서 일하고 있었다. 그들 모두에 맞서 루터는 16세기의 가장 격렬한 논쟁들을 촉발했던 것이다.

루터는 더욱이 후기 저술들에서 실제의 적들과 적이라고 생각된 이들, 그중에서도 교황과 유대인에 대해 냉담하고 때로는 저속하기까지 한 언어들을 사용했다. 『유대인들과 그들의 거짓에 대하여Von den Jüden und iren Lügen』(1543)와 『악마가 세운 로마 교황에 맞서Wider das Papstum zu Rom vom Teuffel gestifft』(1543)라는 후기작 둘만으로도 비호의적 관심을 끌어내는 그의 능력은 입증된다. 가까운 협력자였던 필리프 멜란히톤조차 루터의 장례식에서 했던 추도사를 루터의 미덕에 대한 찬양으로 가득 채웠음에도 그의 욕설에 대해서는 설명할 필요를 느꼈다. 루터가 필요 이상으로 가혹했다고 생각하는 이들에 대한 응답으로 멜란히톤은 에라스무스가 했다는 말에 호소했다. '하느님은 이 마지막 세대에 너무나 많은 질병 때문에 가혹한 의사를 주신 것입니다.' 그러나 루터는 수술

용 메스보다는 도끼를 더 잘 다루는 사람이었으며, 자신에 대해서도 '나무의 밑동을 파내고, 가시와 덤불을 베어내며, 웅덩이를 메워 길을 내는 것이 본업인 산사람'이라 정확히 묘사했다. 루터가 세심하지 못했음을 설명하려는 근래의 시도들은 20세기에 일어난 사건들 때문에 한층 더 복잡해졌다. 요한 23세 교황과 제2차 바티칸공의회가 초교파적 선의를 자극하고 난 뒤에는, 교황에 대해 굽힐 줄 모르고 퍼붓던 루터의 비난을 부적절한 것으로 여기게 되었다. 루터가 이의를 제기했던 교리와 관례는 대부분 변하지 않은 채 남아 있다. 억압적인 제후들에 대해 비판하면서도 반항하는 농민들을 죽이라고 한 루터의 권고는 해방과 사회적 정의를 추구하는 민중의 움직임으로 인해 그리스도의 메시지를 뒤엎는 것으로 들리게 되었다. 그중에서도 가장 큰 타격은, 홀로코스트를 일으킨 나치의 선전기관에서 이용한 탓에, 그가 쏟아낸 반유대주의적 발언들에 대해서는 거의 입 밖에 낼 수도 없게 된 것이다.

그러나 마르틴 루터는 20세기가 아니라 16세기에 살았으며, 그의 과도한 발언들은 그를 둘러싼 태도와 분쟁을 통해 많은 부분 설명될 수 있다. 예를 들어, 그리스도인과 유대인 사이의 애증 관계는 그리스도교 자체의 시초까지 거슬러올라가며, 유럽의 그리스도교 세계가 부상하면서 줄곧 악화된 것이었다. 소규모 유대인 공동체들을 향한 대중의 적대감은 중세 후기에 더욱 심해졌다. 유대인들은 성체를 훼손하고 그리스도인 아이들을 살해했다는 기이한 죄목으로 고발당해 대부분의 서유럽 국가에서 추방되었다. 그러나 독일에서는 유대인 공동체들이 남아 있었고, 랍비들과 그리스도교 신학자들 사이의 접촉이 종교개혁 초기에도 지속되었다. 프로테스탄트 개혁가들은 대개 인문주의자들이었으며 그리스어와 히브리어를 가르치고 배우는 데 새로이 관심을 기울이고 있었다. 그들은 또한 정화된 그리스도교가 유대인 공동체에 호소력을 발휘하리라 믿었으며, 그렇기 때문에 1523년 루터가 말했듯 많은 유대 민족이 개종해 '그들 자신의 참된 신앙'으로 돌아오리라는 비현실적 희망을 품었다. 시편에 대한 초기 강의에서 루터는 아브라함과 다윗같이 하느님의 약속을 믿었던 뛰어난 이스라엘 사람들은 그리스도교 신앙의 모범이라고 주장했으며, 최초의 유대인 그리스도교 공동체들을 '충실한 회당'(會堂, synagogue: 유대인들이 모여 랍비들의 설교를 듣고 성경을 연구하며 여러 의례를 치르기도 했던 유대교의 모임 장소. 신약성경을 보면 예수도 이 회당들을 두루 다니며 사람들을 가르치고 치유했다―옮긴이)이라 칭찬했다. 그러나 루터의 선배들은 유대인들을 이단 및 악한들과 한데 묶어서 취급했고, 루터는 유대인들을 개종시키려는 노력을 포기한 뒤로 이와 비슷한 연결 고리를 만들었다. 1543년 그는 다음과 같이 썼다.

유대인, 튀르크인, 교황주의자, 급진주의자가 도처에 넘쳐난
다. 그들 모두는 자신들의 생각대로 자신들이 교회이며 하느님
의 백성이라 주장하고, 하나뿐이며 참된 [그리스도교] 신앙도
개의치 않는다. [……] 오직 이 신앙을 통해서만 사람들은 하
느님의 자녀가 되며 하느님의 자녀로 남는 것이다.

프로테스탄트 개혁가들과 가톨릭 개혁가들이 보는 독일의
유대인들이 잠재적 개종자들에서 심각한 위협으로 바뀌는
데 20년밖에 걸리지 않았다. 터무니없는 일이기는 했지만, 루
터도 이러한 관점을 공유했으며, 이것이 『유대인들과 그들의
거짓에 대하여』에 담긴 가혹한 비난들로 이어졌다. 유대인들
의 '거짓'이란, 유대인들만이 하느님께 계약과 율법과 약속받
은 땅을 받았으며, 유일하게 성경을 토대로 하느님의 백성이
라고 오래전부터 믿어왔던 것을 말한다. 그들이 예수를 메시
아로 인정하기를 거부한 것을 두고 루터는 신성모독이라 비
난했으며, 이것이 하느님을 진노케 하고 그분의 축복을 독일
에서 거둬가게 했다고 말했다. 유대인들의 '신성모독'이 개혁
활동을 약화시킬지도 모른다는 우려 때문에 우르바누스 레
기우스Urbanus Rhegius와 마르틴 루터 같은 개혁가들은 히브리
어 성경의 메시아 관련 구절들에 대한 그리스도교적 해석을

장황하게 변호했다. 레기우스는 예수가 엠마오로 가는 길에서 '모세와 모든 예언자로부터 시작하여 성경 전체에 걸쳐 당신에 관한 기록들을'(루카복음 24:27) 제자들에게 설명해주었다는 부활 첫날에 관한 이야기에서 예수가 정확히 무엇을 한 것인지 규명하고자 자신의 아내 안나와 나누는 긴 대화를 구성했다. 루터는 『유대인들과 그들의 거짓에 대하여』의 85퍼센트를 예수가 구약에서 예언된 메시아임을 주장하는 데 할애했으며, 나머지 15퍼센트를 악명이 높아 이후에도 자주 인용되던 권고들을 전달하는 데 할애했다. '그들의 회당과 학교에 불을 지르고, 집을 부수고, 탈무드를 비롯한 성스러운 책들을 빼앗고, 랍비들이 가르치는 것을 금하고, 그들이 공용도로에서 안전하게 이동할 권리와 농사짓고 옷 짓는 일 외에 다른 직업을 가질 권리를 부정하십시오.' 이러한 권고들 중 몇몇은 이미 프로테스탄트인 마르틴 부처와 가톨릭인 요한 에크도 말했던 것들이다. 압도적으로 그리스도인들이 많았던 사회 내부에서 예수가 메시아라는 것을 증명하고 소규모 유대인 집단을 억압하는 데 그렇게 많은 에너지를 쏟아부었다는 사실은 그 지도자들에게 그리스도교 세계가 얼마나 연약하게 보였던가를 드러낸다.

그러나 『제3제국의 흥망Rise and Fall of the Third Reich』에서 윌리엄 샤이러William Shirer(20세기 중반에 활동한 미국인 국제 뉴스 저널리스트이자 전쟁 기자―옮긴이)가 한 것처럼 마르틴 루터를 홀로코스트에 직접 연결하는 것은 역사적으로 정확하지 않다. 나치 정부가 유대인들(과 다른 이들)을 600만 명이나 살해하는 동안 독일의 많은 그리스도인들이 침묵하고 있었으며, 나치 선전원들이 루터의 저술들을 이용했다는 것은 사실이다. 그러나 독일의 다른 그리스도인들(가톨릭, 개혁파, 루터교), 특히 고백교회(告白教會, Bekennende Kirche: 1934년 히틀러에 맞서 독일 프로테스탄트 교파들이 연합해 세운 교회를 말한다―옮긴이)를 이룬 이들은 정부의 만행에 맞서 목소리를 높였으며, 그들 중 디트리히 본회퍼Dietrich Bonhoeffer(독일 루터교회 목사이자 신학자로 고백교회에 가담했으며, 히틀러 암살 계획에 참여했다 발각되어 처형당했다. 그리스도교 반反나치운동의 상징적 인물이며. 현실참여적 신앙을 대표하는 인물이다―옮긴이)와 같은 이들은 그렇게 항거하다 살해당하고, 옥에 갇히거나 추방당했다. 루터가 한 말들이 주요한 이유가 되어 독일 그리스도교 신자들이 그러한 살육을 용인했던 것은 아니다. 루터의 반反유대적 저술들에 대한 독일인들의 인식을 추적한 요하네스 발만Johannes Wallmann은 이렇게 말한다.

인종차별적인 반유대주의를 위해 루터의 저술들을 오용하는 일은 루터의 신학에서 나온 것이 아니라, 제1차세계대전 이후

'푈키셰 베베궁'völkische Bewegung〔순수 게르만 민족운동〕에서 루터의 신학에 반反해 나온 것이다. 이 민족운동은 게르만의 민족적·문화적 우수성에 대한 19세기의 낭만화된 개념에 기초하고 있으며, 이러한 개념이 제3제국 나치의 이교도에 대한 인종차별적 허상을 뒷받침했다.

유대교를 다룬 방식과 달리 이슬람에 대한 루터의 비판은 암시적이었다. 하지만 중부 유럽인들에게 오스만튀르크의 군대는 유대교와 같은 상상 속 위협이 아닌 실제적 위협을 의미했다. 더욱이, 소책자를 만들던 이들은 정치적 분쟁을 그리스도교 세계와 이슬람 세력 사이의 전쟁, 또는 그리스도와 적그리스도 사이의 전쟁으로 묘사함으로써 위협을 과장했다. 루터가 이슬람교에 대해 가지고 있던 지식은 대부분 중세 작가들에게서 비롯했지만, 그와 멜란히톤은 1542년 바젤Basel에서 출간된 쿠란Qur'an의 라틴어 번역본 개정판에 들어갈 머리말을 쓰기도 했다. 루터는 다른 저술들에서 오스만튀르크의 위협에 대한 그리스도인들의 적절한 대응에 대해 논했으며 이슬람과 그리스도교를 비교 설명하기도 했다. 루터의 자료 중에 그 자신의 고유한 것은 거의 없다. 그러나 오스만튀르크의 위협과 그리스도교화라는 종교개혁 의제의 맥락에서 새로운 접점이 생긴다.

　루터는 이슬람을 토속 신앙과 유대교 및 그리스도교로 이루어진 혼합주의적 종교로 보았다. 그러나 이슬람에는 '어떠한 구세주도, 죄에 대한 용서도, 은총도, 성령도' 없었다. 그는 그리스도인들이 믿음을 온전히 고백할 수 없는 정부 아래에서 사느니 죽는 것이 낫다고 단언했다. 루터가 새로이 그리스도교화된 유럽에 이슬람에 대한 여지를 두지 않았다는 것은 명백하다. 그러나 그는 오스만튀르크에 맞선 십자군을 옹호하지 않았다. 만약 황제가 비신자들과 비非그리스도인들을 쳐부수려고 나설 경우에 대해 비꼬아 말했다.

　그는 교황과 주교들과 성직자들부터 쳐부수기 시작해야 할 것이며, 우리들이나 자기 자신도 남겨놓아서는 안 될 것이다. 그의 제국 안에도 끔찍한 우상숭배가 충분히 존재하므로 이러한 이유로 꼭 튀르크인들과 싸울 필요는 없기 때문이다. 우리 안에도 공공연하게 잘못된 교리를 가지고 역겹고 수치스러운 삶을 사는, 튀르크인, 유대인, 이단, 비非그리스도인들이 너무나 많다.

　루터의 분리 기준에 따르면, 이슬람교는 유대교처럼 '행위로 의롭게 되는' 종교에 해당했다. 곧, 그 추종자들은 공로 쌓는 행위를 통해 구원을 획득해야 하는 것이었다. 그렇긴 하지만, 루터는 튀르크인들의 신심에 대한 이야기를 전해듣고 깊은 인상을 받았으며, 이로 인해 그리스도교 수도자는 부끄러워하리라 생각했다. 튀르크인들의 의례와 자기 수양은 ─ 그들은 '이 두 가지 사안에서 그리스도인들보다 훨씬 더 우월했다' ─ 교황주의자들에게 그리스도교란 제사나 도덕 이상의 것이어야 한다는 가르침을 줄 수 있었다.

그러나 루터는 이슬람을 지나치게 칭찬하고 싶지는 않았다. 그렇게 하면 일부 프로테스탄트들이 그리스도를 부인하고 무함마드를 따르게 될까 우려했다. 그리스도인들이 그리스도교를 버리고 이슬람교로 옮겨가는 것은 심각한 위협이 아니었으나, 무슬림이 의례를 중시한다는 사실은 종교개혁의 의제에 두 가지 면에서 도움이 되었다. 그것은 중세 종교 비판을 더욱 돋보이게 해주는 것이었으며, 루터의 독자들에게 그리스도교의 핵심은 의례가 아니라 믿음과 사랑임을 상기시켜주는 것이었다. 루터는 또한 다른 개혁가들과 마찬가지로, 무슬림들이 개종하리라는 비현실적 낙관주의를 공유하고 있었다. 이를테면, 그리스도인들이 오스만튀르크 군대에 포로로 잡힌다면, 이 포로들의 충실하고 근면하며 참을성 있는 모습이 무슬림 군인들을 감동시켜 일부는 개종하리라고 생각했던 것이다. 1541년 튀르크인에 맞서기 위한 기도를 촉구하면서, 루터는 오스만튀르크가 침략했을 때 어린아이들이 생포되어 가더라도 '최소한 그리스도교 신앙의 어떤 것이라도 지니고' 있도록 교리를 가르쳐야 한다고 촉구했다. 그러나 그는 취리히의 학자 테오도르 비블리안더Theodor Biblian-der만큼 멀리 나가지는 않았다. 비블리안더는 쿠란의 라틴어본 개정판 출간을 시작한 이였다. 그에 따르면, 하느님은 무슬림을 비롯한 모든 민족의 구원을 바라시며, 복음은 이제 곧 아랍어로도 번역될 것이었다. 그리고 그는 선교사가 되어 이슬람 국가들을 여행하기를 바랐다.

'루터의 대담함은 믿기 어려울 정도였다. 〔……〕〔그는〕 그 원문에서 욕설로 비난할 수 있는 최초의 작가이며, 필시 마지막 작가였다.' 전기 작가 헤일H. G. Haile은 루터가 말년에 쓴 욕설과 지저분한 말들이 한편으론 그의 법률주의에 대한 반감에서 비롯했으며, 다른 한편으론 노老전사의 슬픔과 후회와 실망으로 유발된 것이라고 암시함으로써 루터의 거칠 것 없는 발언들에 대한 경탄을 누그러뜨렸다. 요독증, 관상동맥 질환, 우울증 등 다양한 질병 또한 나이든 루터의 적절치 못한 처신을 설명해주는 이유들로 제시되어왔다. 루터가 사회와 언어의 제약들을 무시한 데는 이 모든 것이 부분적으로 영향을 끼쳤겠지만, 또다른 힘들이 작용했을 거라 추측할 수 있다. 종교적으로 파문당하고, 제국의 법적 보호를 박탈당한 상태에서 루터는 커다란 개인적 희생을 치르며 복음주의 운동의 지도자 자리에 올랐으며, 이는 그에게 강력한 자격을 부여했다. 그러나 그것은 또한 파괴적이기도 해서 카를슈타트, 토마스 뮌처, 츠빙글리와 같은 그의 대적들을 폄하하고 묵살하게 만들도록 이끌었을 수 있다. 그들은 승리를 위해 아무런 위험도 감수하지 않고, 자신이 투쟁하여 얻은 열매를 따 먹고 있노라고 루터는 불평했다. 1541년 튀르크인들이 다시 위협해왔을 때, 루터는 감사할 줄 모르는 독일인들을 비난했다. 그들이 하느님 말씀에는 귀기울이지 않고, 교황의 권력이 최고에 이르렀을 때는 속삭이지도 못했을 내용들을 크게 떠들어대고 있는 이단들에 빠져들었다는 것이었다. 여기에 숨은 의미는 분명하다. 그의 적수들은 루터의 가르침을 거부해서는 안 된다. 오히려 루터 덕분에 교황에게서 해방되었으니, 그를 권위자로 인정해야 한다. 어느 때엔가 루터는 이 모든 일에 대해 처음부터 재고해보기까지 했다.

> 내가 지금 복음(운동)을 시작해야 한다면, 지금과는 다른 방식으로 할 것이다. 대부분의 사람들을 교황 아래 남겨두고, 오직 간절히 바라는 마음을 지닌 이들에게만 몰래 도움을 줄 것이다.

결말에 이르러 루터는 탐욕스러운 귀족, 도둑질을 일삼는 노동자, 기만적인 법률가, 고리高利를 받는 은행가에 대해서도 불평했으며 다음과 같이 결론지었다.

희망과 화해의 표시로서, 전 세계 교회들은 종교개혁 500주년이 되는 2017년을 기념하고자 비텐베르크에 있는 루터 공원에 심을 나무를 기증해달라는 부탁을 받았다. 루터 공원은 개혁가 루터의 인장 모양을 본떠 조성될 계획이다. '내일 세상의 종말이 올 것을 안다고 해도, 오늘 나는 사과나무 한 그루를 심겠다.' 루터가 이 말을 했다는 생각은 널리 퍼져 있다. 그러나 이런 문장이 그의 저술에서 발견된 적은 없다. 학자들은 이 말이 독일 고백교회가 나치 독재 정부에 맞서 싸우는 동안 희망과 인내를 고취하고자 사용한 데서 시작된 것이라 보고 있다.

독일은 하느님에 대항하는 죄로 곪아터지고 있으며, 하느님 앞에서 반항하며 자신을 정당화하려는 데까지 나가고 있다. 불행히도, 이것이 나를 지나치리만큼 참된 예언자로 만든다. 우리가 우리 자신에게 벌주지 않으면, 튀르크인들이 우리를 위해 그렇게 하리라고 내가 자주 이야기했던 것이다.

훨씬 더 심하게 말했을 수도 있었다. 그들에게 참회하도록 부르시는 [하느님의] 말씀을 박해하는 것에 대해 루터는 다음과 같이 경고했다.

하느님이 독일 위에 튀르크인들만이 아니라 악마들을 풀어놓으시리라는 것, 그렇지 않으실 거라면, 오래전에 홍수로 쓸어없애셨으리라는 데는 의심의 여지가 없다.

그러나 루터는 죽기까지 2년이 채 안 남았을 때 매우 지친 상태에서, 종교개혁의 결과에 대해 차분하게 낙관하는 편지를 링크에게 써 보냈다.

나 자신을 위해서라면, 하느님께로 돌아가는 좋은 때가 어서 오기를 바란다네. 나는 만족하고, 또 나는 지쳤으며, 내 안에는 이제 아무것도 없다네. 그러나 잊지 말고 나를 위해 진심으로 기도해주게, 주님이 내 영혼을 평화로이 데려가시기를. 나는 내 성도들을 불쌍한 모습으로 남겨두고 가는 것이 아니라네. 그들은 순수하고 건전한 가르침으로 번성하며, 탁월하고 진실된 여러 목자들[의 활동]을 통해 날마다 자라난다네.

루터는 그가 말한 것이 참되다 생각했으며, 그의 말은 그가 세상을 변화시켰기 때문이 아니라, 세상이 거의 그대로 남아있음에도 유효한 것이었다. 삶의 끝에서, 루터는 독일 전체가 교황의 폭정에서 해방되기를 그려보던 때보다는 덜 이상적

이면서 더 현명해져 있었다. '설교가는 세상을 알아야 한다'
고 그는 말했다.

내가 수도자일 때 알았던 방식으로 세상을 알아서는 안 된다.
나는 그때 세상은 너무나 선하고 올바른 곳이어서 사람들이 복
음을 듣자마자 받아들일 거라고 상상했다. 그러나 벌어진 일은
정반대였다.

후기

마르틴 루터는 그를 존경하는 사람들과 폄하하는 사람들 모두의 마음을 끌었다. 그러한 사람들 중에 아우크스부르크의 개혁가 우르바누스 레기우스가 있었는데, 그는 1530년 루터를 만나고자 코부르크 요새에 들렀다. 이 만남 뒤에, 레기우스는 남부 독일에 있던 친구에게 다음과 같이 전했다.

루터를 만나보면 누구도 그를 미워할 수 없을 걸세. 책을 읽어서 그의 정신에 관한 생각들을 조금 알게 될 수는 있겠지만, 만약 자네가 그 사람을 더욱 가까이에서 관찰할 수 있다면, 만약 자네가 사도의 정신으로 하느님에 관한 일들을 다루는 그 목소리를 들을 수 있다면, 현존하는 그와 함께 있는 것이 그에 대해서 전해듣는 것보다 훨씬 더 좋다고 말하게 될 걸세. 루터는 너무나 훌륭해서 다른 학자에 의해 판단될 수 없다네. 그는 확실히 세계적인 신학자로 남게 될 걸세. 나는 이제 그를 이전보다 더 잘 알게 되었다는 것을 확신하네.

　루터를 영웅적인 반항아, 천재, 해방자로 그려낸 에리히 틸 Erich Till의 2003년도 영화를 레기우스가 보았더라면 즐거워 했을 것이다. 루터는 어느 정도까지는 그 셋 모두였지만, 실제로는 무정부 상태보다 질서를, 영리함보다 믿음을, 방종보다 절제를 선호했다. 루터를 흠 없는 영웅으로 만들려던 시도들은 대부분 단순한 이름표 아래 그를 가둬두려는 유혹에 걸려 넘어지고 말았다. 하지만 그런 일들은 기껏해야 절반만 진실일 뿐이었다. 그의 친구들과 동료들조차도 의혹을 품고 있었다. 1548년에 쓴 비밀 편지에 따르면, 필리프 멜란히톤은 자신이 더욱 힘있고 유명한 동료에 맞추어 제2바이올린을 연주하게 되었다고 느끼고 있었다.

　1518년 그의 첫 저술들이 바젤에서 출간된 후 곧이어 루터를 영웅시하는 글과 그림들이 나오기 시작했다. 개혁 정신을 품고 있었던 인문주의자 볼프강 카피토는 자신의 책 머리말에서 선배들의 스콜라철학 방법론을 버리고 복음서와 바오로 서간들에 집중한 루터를 따라 그리스도의 가르침을 되찾아야 한다고 훈계했다. 1519년 말, 뉘른베르크의 인문주의자이자 시의 관리였던 라차루스 슈펭글러Lazarus Spengler는 무거운 짐을 진 양심—루터가 보름스에서 교황에 저항하는 구체적 이유로 언급했다—에 루터가 가져다주는 위안에 대해 칭송하며, 루터를 옹호하는 책을 출간했다. 슈펭글러는 성직자와 평신도 모두 루터 박사의 가르침을 듣기까지 살아 있을 수 있음에 하느님께 감사하는 것을 들었다고 했다. 1521년에는 알브레히트 뒤러Albrecht Dürer의 학생이었던, 남부 독일 출신의 한스 발둥 그린Hans Baldung Grien이 보름스 제국의회에 출석한 루터에 대한 글에 들어갈 목판화를 제작했다. 후광에 둘러싸인 루터의 머리 위에 펼쳐진 책과 비둘기를 그려넣은 이 그림은 루터를 하느님에게서 영감을 받은 성인으로 묘사하고 있다. 1523년, 소小 한스 홀바인Hans Holbein der Jüngere은 루터를 독일의 헤라클레스로 표현한 목판화를 제작했다. 이 그림에서 루터는 그를 반박하는 글을 썼던 도미니코회 학자 야코프 폰 호흐슈트라텐Jakob von Hochstraten을 공격하고 있고, 아리스토텔레스와 중세 신학자 5명은 이미 격퇴되어 땅바닥에 누워 있다. 같은 해에, 뉘른베르크의 마이스터징어Meistersinger(직업적 명가수나 유명한 성악가를 나타내는 독일어—옮긴이) 한스 작스Hans Sachs는 루터를 기리고자 「비텐베르크의 나이팅게일, 어디에서나 그 소리 들리고 있네」라는 장문의 시를 썼다.

학계와 대중 사이에서 루터의 명성은 종교개혁을 관통해 그 너머에 이르기까지 계속되었다. 1562년에서 1565년 사이에, 요하네스 마테지우스Johannes Mathesius가 루터의 생애에 대한 일련의 설교들을 했으며, 이것이 모여 최초의 대규모 전기가 되었다. 마테지우스는 이전에 비텐베르크에서 공부했으며, 그의 스승들에게 깊은 감사를 표했다. 그러나 신학자이기보다 사목자였던 그는 루터가 쓴 실천에 관한 글들과 거기에서 오는 선익에 집중했다. 만약 루터가 교리서와 식사 기도만 썼더라면, 세상은 그에게 충분히 감사할 수 없었을 것이다. 마테지우스는 또한 하느님이 루터를 교황에 대한 진노를 드러내는 도구로 쓰셨으므로, 루터가 했던 욕설과 지저분한 말들을 하느님이 용서해주시리라 확신했다. 1577년에 나온 『화해신조Konkordienformel』에서는 성경, 고대 그리스도교 신경들, 아우크스부르크 신앙고백Confessio Augustana(1530)을 루터의 가르침의 표준으로 만듦으로써 루터가 남긴 유산에 대해 서로 모순되는 주장들을 해소하고자 했다. 아우크스부르크 신앙고백은 '바로 그 가장 뛰어난 하느님의 사람', 곧 루터 박사에 의해 '교황의 끔찍한 어둠에서 빛으로 나오게 된' 하느님 말씀의 진리를 요약한 것이라고 했다. 17세기에 이르면, 불타지 않는 기적의 힘이 루터

8. 독일의 헤라클레스 모습을 한 루터(소小 한스 홀바인 작作. 1523년).

의 이미지에 더해졌다. 1634년 어떤 독일 목사가 자신의 서재에 불이 나서 모두 타버렸지만 루터의 모습을 새긴 구리판은 무사했노라고 주장했던 것이다. 이로부터 50년쯤 뒤에 아이슬레벤에 있는 그의 생가에 화재가 발생했지만, 그의 초상화는 살아남았다. 십자가에 달린 그리스도와 개혁가 루터의 인장에 대한 해석문 사이에 루터를 그려넣은 이 그림은 1827년까지도 루터의 생가에 그대로 걸려 있었다고 한다.

　루터를 폄하하는 사람들 또한 많았다. 가장 이른 시기의 사람들은 로마에서 루터에 대한 공판이 열리고 난 직후부터 이 개혁가에게 맞선 가톨릭 신학자들과 인문주의자들이었다. 1520년에서 1525년 사이에 대략 작가들 20여 명이 종교개혁에 반대하는 책과 소책자들을 찍어냈으며, 그중 다수가 루터를 겨냥하고 있었다. 이들을 출간한 작가들은 대부분 요한 에크나 토마스 카예타누스같이 능력 있는 학자들이었으며, 이 두 사람은 루터와 얼굴을 맞대고 논쟁을 벌이기도 했다. 두 사람 모두 계속해서 종교개혁에 반대하는 의견을 고수했으며 희생 제사로서 미사와 교황 제도에 대한 가톨릭의 가르침을 면밀하게 옹호하는 글들을 썼다. 하지만 대부분의 가톨릭 논객들과 마찬가지로 이들도 라틴어로 글을 썼기 때문에, 루터를 지지하는 독일어 소책자들보다 대중에게 미친 영향은 더 적었다. 영국의 헨리 8세 또한 루터의 악명 높은 적수 중 하나였다. 1521년, 헨리 8세는 이후에 그의 재상이 되는 토머스 모어Thomas More에게 상당한 도움을 받아 칠성사 옹호론을 출간했고, 루터에 맞서는 글을 쓰도록 토머스 모어와 로체스터의 주교 존 피셔John Fisher를 지원하기도 했다. 존 피셔는 루터의 핵심 사상들을 추려내어 장황하게 반박했다. 1523년 모어는 루터에 대한 모욕적인 응답을 출간했으며, 윌리엄 로스William Ross라는 자신의 필명으로 이 책에 대해 '루터라는 가장 추잡한 광대가 무적의 영국 국왕 헨리 8세를 공격하며 벌여놓은 정신 나간 여러 중상모략을 감탄할 정도로 훌륭하게 폭로하고 논박하는', '고급스럽고, 학식 있고, 재치 있으며, 경건한 작품'이라고 치켜세웠다.

루터의 전기를 쓴 최초의 가톨릭 작가 요하네스 코흘래우스Johannes Cochläus는 『작센의 마르틴 루터의 활동과 저작에 대한 비평Commentaria ioannis cochlaei, de Actis et Scriptis Martini Lutheri Saxonis』을 1549년 출간해 논란을 불러일으켰다. 코흘래우스는 그 이전에 자신의 인문주의자 친구들인 모어와 피셔를 처형한 것을 두고 헨리 8세를 비판했다. 그러나 코흘래우스는 변함없이 루터에 반대했으며, 보름스에서 개인적으로 루터와 논쟁을 벌인 뒤에는 특히 그러했다. 1529년 코흘래우스는 『머리 일곱 달린 루터Sieben Kopff Martin Luthers』라는 악명 높은 소책자를 발행해 루터의 일관성 없는 마구잡이 논리들을 비난했다. 표지의 목판화를 보면, 루터는 머리 일곱 달린 용(요한묵시록 12:1~6)으로 그려지며, 태양으로 몸을 감싼 임신부에게 나타나 갓난아이를 삼켜버리겠다고 위협한다. 그 일곱 머리는 다음에 있는 일곱 가지로 루터를 묘사한다. 첫째는 의사, 둘째는 수도사, 셋째는 튀르크인, 넷째는 군중에게 그들이 듣고 싶어하는 것을 말해주는 '코헬렛'(תלהק, Qoheleth: 원래는 '모으는 사람'이라는 뜻의 히브리어지만 가르치는 사람 또는 설교하는 사람이라는 의미로도 쓰인다. 저자가 자신이 살아오면서 알게 된 삶의 지혜들을 모아놓은 구약성경 전도서의 본래 제목이기도 하다—옮긴이), 다섯째는 머리카락이 쭈뼛 서 있고 말벌들에 둘러싸인 광신도다. 그리고 여섯째는 '방문자'인데, 이는 루터가 작센 지방을 두루 돌며 심방했던 일을 가리킨다. 루터를 교황으로 만들고자 이 심방이 기획되었다는 주장이 있었다. 일곱째는 게르만족 야만인으로 그려진 강도 바라바다. 그는 그리스도 대신 빌라도에 의해 풀려났던 인물이다. 7이라는 숫자는 논객들에게 명백히 매우 유용했다. 루터는 성만찬에서 그리스도가 현존한다는 자신의 관점을 방어하면서, 자신에게 동의하지 않는 일곱 '영靈들'을 헤아렸다. 이들은 주로 그리스도가 성만찬을 제정하면서 했던 말들에 대한 루터의 해석을 받아들이길 거부했던 프로테스탄트들이었다. 이 비텐베르크 사람은 노골적으로 이 '영들'과는 어떤 동료 관계도 맺지 않으려 했으나, 이들은 루터에 대해 전반적으로 자제하며 대응했다. 적어도 코흘래우스와 다른 가톨릭 반대론자들보다는 자제했다.

코흘래우스는 루터가 미사중에 발작을 일으킨 일이 있었음을 암시했다. 루터가 벙어리 영과 귀머거리 영이 들린 소년에 대한 복음 말씀(마르코복음 9:14~29)을 듣고는 '내가 아니에요, 나는 아니라고요!'라고 소리치며 바닥으로 쓰러졌다고 한다. 이 전설은 루터가 정신장애를 앓고 있던 것이 아닐까 하는 의심에 불을 지폈는데, 특히 정신분석가인 에릭 에릭손Erik Erikson이 자신의 책 『청년 루터 Young Man Luther』(1958)의 한 장에서 이 문제를 주제로 다룬 뒤 의심이 커졌다. 그러나 그가 신뢰하기 어려운 출처의 자료들을 지나치게 끌어다 썼기 때문에, 역사학자들 대부분은 루터에 대한 에릭손의 병리학적 해석을 받아들이지 않는다.

루터가 세계적 신학자가 되리라는 레기우스의 예언은 과장으로 드러났다. 자신의 비전대로, 루터가 끼친 영향은 루터가 생각한 대로 주로 유럽에 한정되었다. 그러나 그가 남기고 떠난 유럽은 그가 태어났던 중세 그리스도교 세계와 무척 달라져 있었다. 스칸디나비아 지방과 발트해 연안, 그리고 독

일, 영국(잉글랜드), 스코틀랜드, 네덜란드, 스위스의 통치자
들이 프로테스탄트 교회들을 채택함에 따라 북유럽에서 교
황의 통제 아래 남아 있는 지역은 거의 없게 되었다. 이 프로
테스탄트 교회들은, 평신도들이 좋아하든 싫어하든 그들의
일상생활을 바꿔놓았다. 성인들은 그들에게서 멀리 치워져
버렸고, 기적이 일어나길 바라며 핀란드에서 스페인까지 대
륙을 가로질러 행하던 성지순례 또한 억제되었다. 장관을 이
루던 라틴어 미사는 설교 중심의 예배로 바뀌어, 프로테스탄
트 신자들은 눈보다 귀로 집중해야 했다. 평신도들은 지역 언
어로 성가를 불렀으며, 성찬례가 거행될 때는 빵만 아니라 여
러 세기 동안 그들에게는 허락되지 않았던 포도주도 함께 영
했다. 새로운 인쇄술 덕분에 문맹률이 낮아졌으며, 역사상 처
음으로 다수의 사람들이 성경을 소유해, 집에서 읽고 여행길
에도 가지고 다닐 수 있게 되었다. 가톨릭 신자들은, 감추고
살든 드러내놓고 살든 모든 나라에서 삶을 이어가긴 했지만,
프로테스탄트들은 중세의 교황이 견제하고자 했던 지역적이
고 국가적인 세력들을 강화해나갔다. 종교개혁은 프로테스
탄트 세속 권력자들에게도 매우 요긴했다. 이들은 신민들에
대한 통제를 단단히 조이는 데 종교개혁을 이용했다.

　루터의 더 큰 유산은 자신을 루터교 신자라고 부르는, 79개
국 7천만 명의 그리스도 신자들을 아우른다. 이 같은 통계는

광범위한 지역의 루터교회들이 소속된 루터교세계연맹Lu-
theran World Federation의 제네바 사무국에서 정기적으로 갱신
하고 있다. 루터교 신자들의 대부분은 여전히 종교개혁의 고
향이랄 수 있는 유럽 국가들—독일, 노르웨이, 스웨덴, 핀란
드, 발트해 연안 국가들—에 살고 있으며, 북아메리카의 루
터교 신자들 또한 그 뿌리는 이들 국가에서 온 이민자들로 거
슬러올라간다. 식민지 시대부터 1850년까지는 대체로 독일
이민자들이 펜실베이니아, 오하이오, 버지니아, 캐롤라이나,
그리고 중서부 지역에 정착했다. 1850년 이후에는 주로 스칸
디나비아 지방에서 온 이민자들이 북부와 중서부와 그 너머
지역까지 진출했다. 루터교 신자들은 19세기와 20세기의 선
교 운동들에 참여했으며 그들의 교회를 유럽과 북아메리카
에서 세계 여러 곳의 문화들 속으로 이식하는 도전을 받아들
였다. 현재는 세계의 다른 어떤 곳보다 아프리카에서 루터교
신자 수가 빠르게 늘고 있다. 그러나 어느 곳에서든, 루터교
신자들은 다른 그리스도교 신자들과 얼마나 긴밀하게 협력
해야 하느냐는, 루터와 종교개혁에서부터 존재했던 근원적
도전에 맞닥뜨려 있다. 한편으로, 교회에 대한 루터의 관점은
초교파적이었다. 복음은 소속과 상관없이 모든 신자에게 속
한 것이다. 그들이 세례를 받았고 신앙이 있다면 신자들이 예
배를 위해 모인 모든 회합이 하나의 교회를 이룬다. 그러나

다른 한편으로, 루터는 자신의 견해에 동의하지 않는 프로테스탄트들과 동반자 관계를 끊어버렸으며, 일부 루터교회들은 자신들이 생각하는 대로 루터의 가르침을 보존하고자 그의 본보기를 따랐다.

종교개혁가 루터가 유명하긴 하지만, 이 이름으로 가장 잘 알려져 있는 사람은 미국의 시민 인권 운동가 마르틴 루터 킹 주니어 Martin Luther King Jr(1929~68)다. 그의 출생증명서에 기록된 이름은 아버지의 이름을 따른 마이클 킹 주니어Michael King Jr인데, 그의 아버지는 자신의 이름에 이미 루터를 덧붙여서 엠 엘 킹M. L. King이나 마이클 루터 킹Michael Luther King이라고 했다. 마이클 킹 주니어라는 이름을 마르틴 루터 킹으로 바꾼 것은 1957년이었지만, 본인은 그 이름을 전부터 사용해왔다. 「버밍엄 감옥에서 보낸 편지Letter from Birmingham Jail」(1963)에서 킹 주니어는 예수, 아모스, 바오로, 존 버니언John Bunyan, 에이브러햄 링컨, 토머스 제퍼슨, 그리고 개혁가 루터의 예들을 인용하며 극단주의라는 혐의에 대해 자신을 변호했다. "마르틴 루터는 극단주의자가 아니었습니까? '내가 여기 서 있나이다, 나는 다른 아무것도 할 수 없으니 하느님 저를 도우소서!'"

루터의 지적 유산은 정확히 정의하기가 더욱 어렵다. 그의 저술들에는 체계적으로 정리된 개념들이 들어 있지 않으며,

그는 근대 사상가들이 씨름했던 신의 존재와 같은 형이상학적 문제들에 대해 깊이 사색하지 않았다. 그러나 때때로 그의 신학, 그의 인격, 그의 행동들은 종교 지도자들로 하여금 그들 자신과 그들의 세계를 새롭게 보도록 자극했다. 감리교 운동Methodist movement은 부분적으로, 로마서에 붙인 루터의 머리말이 존 웨슬리John Wesley에게 끼친 영향에서 비롯되었다. 웨슬리는 곧바로 '가슴이 이상하게 따뜻해'지는 걸 느꼈으며 그리스도가 그의 죄들을 사해주셨다는 확신을 받았다. 루터의 저작들을 읽은 유럽의 다른 사상가들은 자신들이 지적·정치적으로 투신하고 있던 일들을 통해 루터를 보았다. 계몽주의 철학자들은 보름스 제국의회에서 루터가 양심에 호소한 것으로부터 영감을 받아 종교적 교조주의에 맞서 개인의 자유를 지키고자 싸운 투사를 발견했다. 예를 들어, 요한 고트프리트 헤르더Johann Gottfried Herder는 루터를 모든 사람들이, 그의 교리를 받아들이지 않았던 사람들조차도, 영적 문제에 이성을 다시 사용할 수 있도록 해준 진짜 헤라클레스라고 불렀다. 그러나 다른 이들은 매우 부정적인 결론에 이르렀다. 프리드리히 니체는 르네상스가 거의 성취할 뻔했던 것, 곧 그리스도교를 없애버리려던 일을 수포로 만들어버렸다며 루터를 비난했다. 프리드리히 엥겔스는 루터가 농민들에게 성경을 줌으로써 그들을 배신했다고 비판했다. 처음엔 농민들의 자유를 청원하는 근거를 성경에 두었다가, 나중에는 성경을 이용해 농민전쟁을 진압하는 권력을 정당화했다는 것이다.

20세기에는 학계의 현대적 방법론을 통해 역사적 루터가 재발견되었다. 루터의 초기 강의들이 복구와 편집을 거쳐 출판되었으며, 이를 이용해 카를 홀Karl Holl은 루터 르네상스를 열었고, 20세기 말까지 종교인과 비종교인 학자들에 의해 수천은 아니더라도 수백 편의 글과 책들이 쏟아져나왔다. 이 작품들은 바이마르 총서와, 각국 언어로 된 번역본들로 읽을 수 있게 된 루터의 독일어 및 라틴어 저술들에 대한 집중 분석을 공통 기반으로 삼고 있었다. 홀이 초점을 맞추었던 신학적 쟁점들—믿음으로 의로워진다는 것과 그것이 양심에 미치는 영향, 그리고 루터의 종교개혁 발견—이 20세기 전반에 걸쳐 루터학學을 지배했으며, 특히 유럽과 북아메리카 신학자들 사이에서 그러했다. 그러나 점차적으로 루터학은 종교개혁 연구의 진척 상황에 맞게 조정되었으며, 다양한 학문 분과에서 루터를 연구하기 시작했다. 독일어 전문가, 음악사 및 미술사 연구자들, 철학자들, 정치사와 종교사를 전공한 학자들이 각자 자기 학문 분야에서 루터의 의미를 검토하기 시작한 것이다. 루터와 종교개혁은 이제 '르네상스와 종교개혁'이라는 제목의 대학 강의들이 한창이었던 시절에 그러했던 것처럼 후기 르네상스나 초기 근대의 유럽에 대한 연구를 지배하지 않는다. 이제 많은 역사학자들이 종교개혁이라는 단일한 개념에 대해 의문을 제기하며, 16세기의 '개혁들'이라 말하기를 선호한다.

1983년 루터 탄생 500주년은 종교개혁이 가장 큰 영향을 끼친 유럽과 미국에서 루터에 대한 대중의 관심을 북돋웠다. 그 뒤에 곧 독일이 통일되어 비텐부르크를 비롯해 루터의 생애에 관련된 다른 장소들을 찾아보는 일이 더욱 쉬워졌다. 루터가 살았던 비텐베르크의 아우구스티노회 수도원에 있는 루터할레Luther-halle는 일반 전시들을 하는 박물관일 뿐 아니라 전문 인력을 갖추고 종교개혁 때의 소책자, 서적, 도상과 유물들을 보관하고 있는 루터 연구의 활기찬 중추다. 2017년 마르틴 루터의 95개 논제 게시와 종교개혁 발발 500주년을 기념하는 행사의 일부로 국제루터연구총회가 비텐베르크에서 열릴 예정이다.

현재의 루터학에는 그리스도교 세계의 소멸, 여러 문화에 대한 해석과 종교들 사이의 근접성, 모든 종류의 근본주의, 여러 방식의 전쟁, 목소리가 커진 불가지론과 무신론 등 다른 도전들도 다가오고 있다. 이 문제들에 대한 통찰을 얻고자 루터의 저술들을 파고들 수도 있겠지만, 그의 유산은 가장 먼저 그리스도교 및 종교 일반의 미래와 얽혀 있다. 표면적으로 볼 때, 그의 저술들은 종교 간 대화에 도움을 줄 수 있는 출발점이 되지 못한다. 그의 글들은 중세 후기 유럽의 반유대주의와 오스만튀르크의 위협, 신뢰할 수 없는 정보들에 물들어 있으므로 그의 사상이 지닌 다른 측면들에 주목하는 편이 좀더 생산적일 것이다. 예를 들면, 루터는 종교란 개인적인 도덕이 아니라 믿음과 정의에 관한 것이며, 구원을 받기에 충분하게끔 자기 자신을 선하게 만드는 일이 아니라 인류에 대한 하느님의 본래 의도에 맞게 다른 이들의 삶을 개선하는 일에 관한 것이라고 주장했다. 루터는 신학에 도덕적 행위와는 다른 '새로운 종류의 행동'이 있다고 말했다. 다른 사람들을 희생시켜 자기 자신을 더 좋은 사람으로 만들려고 종교를 이용하는 것은 우상숭배이며, 중세 그리스도교 세계가 이러한 죄를 짓고 있다고 비판했다. 우상숭배의 반대는 믿음과 사랑이다. 곧, 하느님을 믿고 이웃에게 봉사하는 것이다. 그의 의제는 독일을 위해 진정한 그리스도교 세계를 회복하는 것이었으므로, 루터가 참된 종교의 형틀을 그리스도교적 내용으로 채워넣었던 것은 당연했다. 그러나 이는 어느 사회를 위해서든, 특히 종교가 선익을 베풀기보다 해악을 더 많이 저지르는지에 대한 논쟁이 계속되는 곳에서라면 종교의 가치를 판단하는 기준으로 유용할 수 있다. 루터의 유산 중 가장 훌륭한 부분은 근본주의를 멀리한 것과, 종교란 다만 신들을 달래어 그들의 호의를 얻는 수단이 아니라 이 세상과 세상에 필요한 것들을 이기적인 욕망들보다 우위에 둘 것을 항시 상기시켜주는 것이라 주장한 점이다.

참고문헌과 더 읽을거리

라틴어, 독일어, 프랑스어, 영어로 된 루터의 개별 저술들과 주요 총
서들을 파악하기에 가장 좋은 안내서는 쿠르트 알란트Kurt Aland가
편집한 『루터학 안내서Hilfsbuch zum Lutherstudum』(4판, 1996)다.
1546년 루터가 죽기 전에 출간한 소책자들과 책들은 『루터 저서 목
록Lutherbibliographie』(1989/1994)에서 요제프 벤칭Josef Benzing과
헬무트 클라우스Helmut Claus가 두 권의 책으로 정리해놓았다. 에
모리대학 피츠 도서관에 있는 케슬러 종교개혁 컬렉션Kessler Ref-
ormation Collection에는 마르틴 루터와 그의 친구들 및 반대자들이
써서 1570년 이전에 출간한 3500권의 성경과 도서 및 소책자들이
포함돼 있다. 이 컬렉션에 있는 종교개혁 소책자 목판화들은 디지
털 컬렉션을 통해 온라인으로 볼 수 있다(http://www.pitts.emory.edu/

dia/woodcuts.htm). 새로운 총서들과 번역본들과 루터에 관련해 가
장 완전한 서지목록은 해마다 『루터 연감Lutherjahrbuch』(Göttingen,
1919ff.)에 발표된다. 알브레히트 보이텔Albrecht Beutel이 편집해 최
근에 나온 『루터 편람Luther Handbuch』(Tübingen, 2006)은 루터 연
구 분야에서 더욱 최근에 나온 총서들과 보조 자료들 및 역사서들
에다 루터의 생애와 업적에 대한 에세이들과 다루기 쉬운 서지목록
과 색인을 더해 간략히 개관한다. 가장 기능이 많은 시각 자료는 헬
마르 융한스Helmar Junghans가 제작한 CD-ROM 『마르틴 루터: 그
의 생애와 시대(1483~1545) 탐구Martin Luther: Exploring His Life and
Times 1483-1546』다. 독일어(1998)와 영어(1999) 버전이 나왔으며,
루터와 관련된 역사, 신학, 전기, 원전과 그가 살았던 세계에 관한 것
들 전부가 삽화, 연표, 사람들과 문서들의 이미지, 여러 목록들, 전
연령 아동을 위한 애니메이션 루터 이야기 등과 같이 다양한 형태로
담겨 있다.

루터는 일생 동안 놀라운 활동력을 보여주었다. 그가 종이 위에 써
놓았거나 청자들이 기록해놓은 말들이 아직까지도 유일하게 완성
되지 못한 비평연구판 총서 100권을 가득 채우고 있다. 바이마르 총
서의 제1권이 나온 것은 루터 탄생 400주년이 되던 1883년이었고,
그로부터 126년이 지난 2009년에야 그 마지막 책이 나왔다. 그러
나 여전히 새로운 내용을 포함하고 있거나, 또는 수십 년 전에 편집

된 작품들을 개정하게끔 만드는 문서들이 계속해서 발견되고 있다. 바이마르 총서는 네 부문으로 나뉜다. 첫 60권은 루터의 강의, 설교, 성경 주해, 토론, 논쟁적 저술들, 교육과 정치에 관한 에세이들, 다양한 출판물을 위해 작성된 머리말들, 성가, 전례문, 종교 박해의 피해자들을 위한 위로의 글들을 담고 있다. 각기 라틴어 및 독일어로 쓰인 저술들에 대한 색인으로 된 책 다섯 권과 그 밖에 색인으로 된 책들이 첫 부문(WA)을 완성한다. 두번째 부문(WABr)은 루터의 편지들을 담고 있다. 3700편이 넘는 서신 중에 2650편이 루터가 쓴 것이다. 편지들이 열세 권으로 편집되어 첫 부분을 차지하고 있으며, 나머지 책들은 잘 정리된 색인들을 담고 있다. 세번째 부문(WADB)은 루터와 그의 동료들이 성경 번역과 관련해 작성한 문서들을 모아놓았다. 이 열두 권의 책에는 독일어 성경 번역본들 말고도 라틴어 불가타 성경의 개정판이 포함되어 있으며, 독일어 번역본이 어떻게 개정되었는지에 대한 기록도 들어 있다. 네번째이자 마지막 부문(WATR)은 루터의 『탁상담화』 초기 판본들을 대조해 제시한 여섯 권의 책으로 이루어져 있다. 세심한 준비과정과 유용한 색인 덕분에, 『탁상담화』는 루터의 생애와 사상에 대해 믿을 만한 자료로서 차츰 신뢰를 쌓게 됐다. 바이마르 총서는 온라인 채드윅Chadwyck 문고(luther.chadwyck.co.uk)에서도 읽고 검색할 수 있다. 더욱이, 이 책을 출판한 헤르만 뵐라우스 나흐폴거 바이마르Hermann Böhlaus Nachfolger Weimar는 바이마르 총서 네 부문 모두를 쉽게 읽을 수 있는 재판본을 합리적인 가격에 내놓았다.

루터에 관한 책 수백 권과 에세이 수백 편을 이용할 수도 있지만, 일
단 루터에 대한 개론서나 전기를 통해 배경 설명을 충분히 얻은 다
음이라면, 루터 자신의 저술들이 루터에 대한 가장 좋은 참고 자료
가 된다. 독일어, 프랑스어, 스페인어, 이탈리아어, 헝가리어, 중국
어, 핀란드어, 노르웨이어, 스웨덴어, 포르투갈어, 한국어로 된 독자
친화적 판본들과 번역본들을 접할 수 있다. 영어권 독자들을 위해
서는 55권으로 된 『루터 전집Luther's Works』(LW)(1955~86)이 포트
리스 출판사Fortress Press와 콩코르디아 출판사Concordia Publishing
House에서 출판되어 나와 있다. 콩코르디아 출판사는 총서를 더
확장하고 있으며, 포트리스 출판사는 『루터 연구 총서Luther Study
Edition』라는 이름의 시리즈로 주요 작품들의 새로운 번역본들을 분
리해서 내놓고 있다. 『루터 전집』은 CD-ROM으로도 이용 가능하
다. 처음 시작하기에 좋은 것은 95개 논제가 아니라, 『그리스도인의
자유Von der Freiheit eines Christenmenschen』와 「선행에 대한 논고Von
den guten Werken」 같은 1520년대 논문들이다. 이 논문들은 루터의
신학과 종교개혁에 대한 제안들, 그리고 그가 바꾸고자 했던 중세의
종교를 명료하고 접근 용이하게 대조하여 제시한다. 그다음에는 루
터의 편지들을, 이를테면 고트프리트 크로델Gottfried Krodel이 탁월
하게 편집한 총서의 미국판 48권부터 50권에서 뽑아 읽어보면, 이

복잡한 사내와 그의 세계가 그 모든 봉우리와 골짜기와 함께 생생하게 다가올 것이다. 『마르틴 루터 연구서Martin Luther Studienausgabe』 (StA; Berlin/Leipzig 1979~)는 선별된 루터 저술들에 대한 근래의 해설들을 초기의 새로운 고지 독일어의 16세기 철자법 및 용어 설명과 함께 싣고 있다. 라틴어와 독일어로 루터의 저술들을 읽기 위해 더 많은 도움이 필요하다면 다음을 참고하라. 비르짓 슈톨트Birgit Stolt, 「루터 연구에 대한 독어학적 접근법Germanistische Hilfsmittel zum Lutherstudium」, 『루터 연감Lutherjahrbuch』 46 (1979), 120~35, 요하네스 실링Johannes Schilling, 「루터 연구에 대한 라틴어학적 접근Latinistische Hilfsmittel zum Lutherstudium」, 『루터 연감』 55 (1988), 83~101. 최근에는 세 권으로 된 루터의 라틴어 원문 선집이 독일어 대역본 (Leipzig, 2006~9)으로 나와 있다.

웹사이트

웹사이트

루터와 종교개혁에 관해 많은 웹사이트들이 부정확한 내용을 담고 있으나, 다음의 사이트들은 유용하고 신뢰할 만한 정보를 제공한다.

〈http://www.luther2017.de/〉 루터 디케이드Luther Decade의 공식 웹사이트. 2017년 종교개혁 500주년 기념행사에 대한 뉴스와 정보 갱신. 루터 관련 장소들의 사진.

〈http://www.strasbourginstitute.org/〉 스트라스부르Strasbourg에 있는 그리스도교 초超교파 연구소Institute for Ecumenical Research에서는 루터교와 다른 교회들 사이의 관계 향상을 위하여 세미나, 콘퍼런스, 대담, 출판 등의 활동을 제공한다.

〈http://www.martinluther.de/〉 비텐베르크의 루터할레Lutherhalle의 웹사이트. 루터할레는 작센Sachsen 주州의 루터 기념재단Stiftung Luthergedenkstätten을 구성하는 루터 박물관 네 곳 중 하나다. 이 재단에서는 종교개혁에 대한 학습과 루터 기념 장소 방문에 도움이 되도록 박물관, 연구 조사, 교육 강좌, 데이터베이스에 관한 정보를 제공한다.

207

⟨http://www.luther-gesellschaft.com/⟩ 루터협회Luther-Gesellschaft는
마르틴 루터와 종교개혁에 관한 콘퍼런스를 개최하고 연구와 출판
을 장려하는 학술 단체다. 학술지 『루터Luther』를 1년에 세 차례 발
행하며, 『루터 연감Lutherjahrbuch』을 해마다 간행한다.

⟨http://www.lutheranquarterly.org/⟩ 『계간 루터교Lutheran Quarterly
Journal』와 『계간 루터교 서적Lutheran Quarterly Books』은 루터와 루
터교에 대한 에세이, 서평, 전공 논문을 싣는다.

⟨http://www.reformationresearch.org/⟩ 종교개혁연구협회Society of
Reformation Research는 학술대회들과 상장 수여를 지원한다. 『종교
개혁 역사기록보관소Archive for Reformation History』의 발행도 후원
하는데, 이 학술지는 그에 대응하는 유럽의 학술지와 공동 출간되기
도 한다.

책과 기사

이 책과 마르틴 루터의 생애, 사상, 저술에 대한 정보를 얻을 수 있는 참고 자료.

Matthieu Arnold, La Correspondance de Luther (Mainz, 1996).

David V. N. Bagchi, Luther's Earliest Opponents (Minneapolis, 1991).

Albrecht Beutel, 'Das Lutherbild Friedrich Nietzsches', Lutherjahrbuch, 72(2005), 119–46.

Albrecht Beutel (ed.), Luther Handbuch (Tübingen, 2005).

Biblia Germanica 1545, facsimile edn. (Stuttgart, 1967).

Peter Blickle, The Revolution of 1525 (Baltimore and London, 1991 ; German. 1977).

Heinrich Bornkamm, Martin Luther in der Mitte seines Lebens (Göttingen, 1979).

Gerhard Bott and Bernd Moeller, Martin Luther und die Reformation in Deutschland, Exhibition in the German National Museum, Nuremberg, 1983 (Frankfurt,1983).

Martin Brecht, Martin Luther, 3 vols (Stuttgart, 1981–7 ; English tr., 1985–93).

Christopher B. Brown, Singing the Gospel (Cambridge, MA, 2005).

Georg Buchwald, Luther-Kalendarium (Leipzig, 1929).

Clayborne Carson et al. (eds.), Papers of Martin Luther King, Jr, Vol, 1: Called to Serve, January 1929–June 1951 (Berkeley, CA, 1992).

Irene Dingel, Günther Wartenberg, and Michael Beyer (eds), Die Theologische Fakultät Wittenberg 1502–1602 (Leipzig, 2002).

Angelika Dörfler-Dierken, 'Luther und die heilige Anna', Lutherjahrbuch,

64 (1997), 19–46.

Mark U. Edwards, Jr, Luther and the False Brethren (Sanford, 1975).

Mark U. Edwards, Jr, Luther's Last Battles (Ithaca and London, 1983).

Tibor Fabiny, Martin Luther's Last Will and Testament (Dublin and Budapest, 1982).

Leif Grane, Martinus Noster: Luther in the German Reform Movement 1518–1521 (Mainz, 1994).

H. G. Haile, Luther: An Experiment in Biography (Garden City, NY, 1980).

John M. Headley, Luther's View of Church History (New Haven, 1963).

Scott H. Hendrix, Luther and the Papacy (Philadelphia, 1981).

Scott H. Hendrix, Luther: Pillars of Theology (New York and Nashville, 2009).

Scott H. Hendrix, 'Luther on Marriage', in Harvesting Martin Luther's Reflections on Theology, Ethics, and the Church, ed. Timothy Wengert (Grand Rapids, MI, 2004), 169–84.

Scott H. Hendrix, 'Martin Luther, Reformer', in Cambridge History of Christianity, vol. 6: Reform and Expansion 1500–1600, ed. R. Po-chia Hsia (Cambridge, UK, 2007), 3–19.

Hans J. Hillerbrand (ed.), The Reformation: A Narrative History Related by Contemporary Observers and Participants (GrandRapids, MI, 1982).

Hans J. Hillerbrand, The Division of Christendom (Louisville and London, 2007).

Helmar Junghans, Der junge Luther und die Humanisten (Weimar, 1984).

Helmar Junghans, Martin Luther und Wittenberg (Munich and Berlin, 1996).

Helmar Junghans, Spätmittelalter, Luther's Reformation, Kirche in

Sachsen, ed. Michael Beyer and Günther Wartenberg (Leipzig, 2001).

Helmar Junghans (ed.), Leben und Werk Martin Luthers von 1526 bis 1546, 2 vols (Göttingen, 1983).

Susan Karant-Nunn and Merry Wiesner-Hanks (ed. and tr.), Luther on Women: A Sourcebook (Cambridge, UK, 2003).

Erika Kohler, Martin Luther und der Festbrauch (Cologne and Graz, 1959).

Robert Kolb, Martin Luther as Prophet, Teacher, and Hero (Grand Rapids, MI, 1999).

Robert Kolb, Martin Luther as Confessor of the Faith (Oxford, 2009).

Robert Kolb and Timothy Wengert (eds.), The Book of Concord (Minneapolis, 2000).

Ulrich Köpf, 'Kurze Geschichte der Weimarer Lutherausgabe', in D. Martin Luthers Werke: Sonderedition der kritischen Weimarer Ausgabe (Weimar, 2000), 1–24.

Beth Kreitzer, Reforming Mary (Oxford, 2004).

Robin Leaver, Luther's Liturgical Music (Grand Rapids, MI, 2006).

Hartmut Lehmann, 'Anmerkungen zur Entmythologisierung der Luthermythen 1883–1983', Archiv für Kulturgeschchte, 68 (1986), 457–77.

Volker Leppin, Martin Luther (Darmstadt, 2006).

Elsie Anne McKee, Katharina Schütz Zell, 2 vols (Leiden, 1999).

Harald Meller (ed.), Fundsache Luther: Archäologen auf den Spuren des Reformators (Stuttgart, 2008).

Bernd Moeller, Luther-Rezeption, ed. Johannes Schilling (Göttingen, 2001).

Johann Baptist Müller (ed.), Die Deutschen und Luther (Stuttgart, 1983).

Nikolaus Müller (ed.), Die Wittenberger Bewegung, 2nd edn. (Leipzig, 1911).

Heiko A. Oberman, Luther: Man between God and the Devil (New Haven, CT, 1989; German, 1982).

Joachim Ott and Martin Treu (eds.), Luthers Thesenanschlag—Faktum oder Fiktion (Leipzig, 2008).

Jaroslav Pelikan (ed.), Interpreters of Luther (Philadelphia, 1968).

Volker Press and Dieter Stievermann (eds.), Martin Luther: Probleme seiner Zeit (Stuttgart, 1986).

Joachim Rogge (ed.), 1521–1971: Luther in Worms, Ein Quellenbuch (Witten, 1971).

Otto Scheel (ed.), Dokumente zur Luthers Entwicklung, 2nd edn. (Tübingen, 1929).

Martin Schloemann, Luthers Apfelbäumchen? Ein Kapitel deutscher Mentalitäts-geschichte seit dem Zweiten Weltkrieg (Göttingen, 1994).

Klaus Scholder and Dieter Kleinmann (eds.), Protestantische Profile (Königstein, 1983).

Reinhard Schwarz, Luther (Göttingen, 1986).

R. W. Scribner, 'Luther Myth' and 'Incombustible Luther', in Popular Culture and Popular Movements in Reformation Germany (London, 1987), 301–53.

Ian Siggins, Luther and His Mother (Philadelphia, 1981).

Jeanette C. Smith, 'Katharina von Bora through Five Centuries: A Historiography', Sixteenth Century Journal, 30 (1999), 745–74.

David Steinmetz, Luther and Staupitz (Durham, NC, 1980).

David Steinmetz, Luther in Context, 2nd edn. (Grand Rapids, MI, 2002).

Kenneth Strand (ed.), Luther's September Bible in Facsimile (Ann Arbor, MI, 1972).

Martin Treu, 'Lieber Herr Käthe'–Katharina von Bora, die Lutherin, Catalogue for the 1999 Exhibition in the Lutherhalle (Wittenberg, 1999).

Martin Treu, Katharina von Bora, 3rd edn. (Wittenberg, 1999).

Elizabeth Vandiver, Ralph Keen, and Thomas D. Frazel, Luther's Lives: Two Contemporary Accounts of Martin Luther (Manchester, 2002).

Johannes Wallmann, 'The Reception of Luther's Writings on the Jews from the Reformation to the End of the 19th Century', Lutheran Quarterly, 1 (1987), 72–97.

Wilhelm Weber, 'Das Lutherdenkmal in Worms', in Der Reichstag zu Worms von 1521, ed. Fritz Reuter (Worms, 1971), 490–510.

James M. Weiss, 'Erasmus at Luther's Funeral: Melanchthon's Commemorations of Luther in 1546', Sixteenth Century Journal, 16 (1985), 91–114.

Timothy Wengert (ed.), The Pastoral Luther (Grand Rapids, MI, 2009).

Jared Wicks, Luther's Reform (Mainz, 1992).

Ernst W. Zeeden, Martin Luther und die Reformation im Urteil des deutschen Luthertums, 2 vol (Freiburg, 1950, 1952).

루터 연대표

1483	1월 10일 독일 아이슬레벤 출생.
1484~97	만스펠트에서 유년기 및 학교생활.
1497~1501	마그데부르크와 아이제나흐에서 학업.
1501~5	에르푸르트대학에서 문학 학사 및 석사 학위 취득, 아우구스티노회 입회.
1507	에르푸르트에서 사제 서품, 첫 미사.
1508~9	비텐베르크와 에르푸르트에서 강의.
1510~11	아우구스티노회를 대표해 로마 방문.
1511~12	비텐베르크에서 신학 박사 학위 취득 후 슈타우피츠의 교수직 대체.
1513~21	시편, 로마서, 갈라티아서, 히브리서, 시편 강의.
1517	10월 31일 대사에 대한 논쟁을 알리는 95개 논제 게시.
1518	로마에서 재판 심리가 열림/ 하이델베르크에서 논쟁/ 멜란히톤이 비텐베르크에 도착/ 아우크스부르크에서 카예타누스 추기경이 주재한 공판이 열림.
1519	라이프치히에서 에크와 논쟁/ 성사에 관한 3편의 논문.
1520	『선행에 대한 논고』, 『로마 교황의 지위』, 「교회의

바빌론유수幽囚』, 『독일 그리스도교 귀족에게 고함』, 『그리스도인의 자유』/ 파문을 경고하는 교황의 교서를 비텐베르크에서 불태움.

1521   파문/ 보름스 제국의회/ 제국의 법외자로 선언됨/ 아이제나흐 위에 있는 바르트부르크 요새로 비밀리에 후송됨.

1521~2 바르트부르크 요새에 은둔/ 비텐베르크에서 소요가 일어 비밀리에 방문/ 독일어 신약성경, 주해집 및 『수도서원』.

1522   비텐베르크로 귀환하여 카를슈타트 해임/ 여덟 번의 사순 첫 주일 설교/ 『소小기도서』/ 『결혼생활』.

1523   카타리나 폰 보라, 마리엔트론 수도원을 탈출해 비텐베르크 도착/ 『현세의 권력Von weltlicher Obrigkeit』/ 아우구스티노회의 장상이었던 벤첼 링크 결혼.

1524   첫번째 비텐베르크 성가집/ 독일 시의회들에 그리스도교 학교 설립 호소/ 공개석상에서 수도복 착용 중지.

1525   1525년 혁명/ 『평화를 향한 훈계』/ 현공 프리드리히 선제후가 사망하고 그의 동생 요한이 선제후 승계/ 카타리나와 결혼/ 「의지의 속박에 대하여」.

1526	『독일 미사』/ 아들 한스 출생 / 성만찬 논쟁 시작.
1527	비텐베르크에 전염병 발생/ 딸 엘리자베트 출생.
1528	작센 지방 심방/ 딸 엘리자베트 사망/ 「내 주는 강한 성이요」 작곡
1529	교리문답서/ 오스만튀르크가 빈 포위/ 딸 막달레나 출생/ 슈파이어 제국의회에서 항변/ 마르부르크에서 츠빙글리와 대담.
1530	아우크스부르크 제국의회/ 코부르크로 피신/ 아버지 한스 사망/ 아우크스부르크 신앙고백.
1531	갈라디아서 강의/ 어머니 마르가레테 사망/ 아들 마르틴 출생/ 슈말칼덴 동맹 형성.
1533	아들 파울 출생/ 비텐베르크에서 학술 논쟁 재개.
1534	완역 독일어 성경 출간/ 딸 마르가레테 출생.
1535	갈라디아서 강의 출간/ 신학대 학장에 취임해 창세기 강의 시작.
1536	남부 독일 신학자들과 비텐베르크 신학자들이 성만찬에 대한 일치를 위해 협상.
1537	슈말칼덴 신조/ 슈말칼덴 동맹 회의/ 신장결석 발병.
1539~40	독일어 저술집 제1권 출간/『공의회와 교회』/ 헤센의 제후 필리프의 중혼문제.
1541	독일어 성경 개정판/『한스부르스트 반박』/『오스

만튀르크에 맞선 기도 권고』.

1542	「주님 한결같이 우리를 당신 말씀 안에 지켜주소서」 작곡/ 딸 막달레나 사망/ 모든 것을 카타리나에게 남긴다는 유언장 작성.
1543	『유대인들과 그들의 거짓에 대하여』.
1545	『악마가 세운 로마 교황에 맞서』/ 트리엔트공의회 개회/ 창세기 강의 종료.
1546	2월 18일 아이슬레벤에서 사망/ 비텐베르크 성城 교회에 안장.
1547	카를 5세 비텐베르크 점령/ 요한 프리드리히와 헤센의 필리프 생포/ 카타리나 루터와 자녀들 도주.
1552	토르가우에서 카타리나 사망/ 프로테스탄트 제후들이 연합해 카를 5세에 저항.
1555	아우크스부르크 화의에서 루터교 도시와 영지 합법화.
1558	에스파냐에서 카를 5세 사망.
1560	비텐베르크에서 필리프 멜란히톤 사망.

인물 및 용어 해설

니콜라우스 폰 암스도르프 Nikolaus von Amsdorf(1483~1565): 비텐베르크의 교수이자 사제였던 루터의 친구. 라이프치히 논쟁과 보름스 제국의회에 참석했다. 1524년 마그데부르크의 루터교 목사로 부임. 루터 사상의 열렬한 옹호자.

재再세례파Anabaptists: 취리히의 츠빙글리를 지지하는 급진주의자들을 경멸해 이르는 말. 츠빙글리는 1525년 기존의 그리스도인들에 대해서도 세례를 주기로 결정함으로써 루터와 결별하고 취리히의 종교개혁을 일으켰다.

외경外經Apocrypha: 초기 그리스도교에서 구약성경에 포함시키지 않은 경전들. 주로 후기 유대교에서 비롯했다. 루터는 이들이 유익하며 유용하다고 여겨 1534년 독일어 성경에 포함시켰다.

아우구스티누스Augustinus(354~430): 로마제국 말기의 영향력 있는 북아프리카의 주교. 성인이며 교회 박사다. 루터가 가장 좋아한 신학자.

아우구스티노회Augustinians(1256~): 아우구스티누스의 이름을 따른 탁발(세속과 엄격하게 분리되어 있지 않은) 수도회. 1505년 루터가 입회했다.

마태우스 아우로갈루스 Matthäus Aurogallus(약 1490~1543): 보헤미아 출신의 히브리어 학자. 비텐베르크의 교수였으며 히브리어 문법책을 썼다. 구약성경 독일어 번역 팀의 핵심 구성원이었다.

클레르보의 베르나르 Bernard de Clairvaux(1090~1153): 시토회의 수도 원장. 교회정치가였으며, 루터가 자주 인용한 신비주의 신학자였다.

테오도르 비블리안더 Theodor Bibliander(1506~64): 취리히의 언어학자 이자 교수. 수많은 저술을 남긴 작가로서 히브리어 문법책과 쿠란의 라틴어 개정판을 출간했다.

마르틴 부처 Martin Butzer(1491~1551): 스트라스부르의 지도적 종교 개혁가이자 평화주의 신학자. 영국에서 사망.

요하네스 부겐하겐 Johannes Bugenhagen(1485~1558): 포메라니아 Pomerania 출신의 전직 수사. 비텐베르크에서 목사이자 교수가 되었 다. 북부 독일에서 루터교 교회들을 조직했다.

하인리히 불링어 Heinrich Bullinger(1504~75): 취리히 개혁교회 수장 츠 빙글리의 장기 계승자.

토마스 카예타누스 Thomas Cajetanus(1469~1534): 이탈리아 출생. 본래 이름은 자코포 데 비오Jacopo de Vio. 박식한 신학자, 도미니코회 총 장, 뛰어난 추기경, 교황 특사. 1518년 아우크스부르크에서 루터의 항복을 받아내는 데 실패했다. 뒤에 헝가리로 파견돼 오스만튀르크 에 맞서는 그리스도인들을 격려했다.

장 칼뱅 Jean Calvin(1509~64): 1541년부터 제네바의 종교개혁을 이끈 개혁가.

볼프강 카피토 Wolfgang Capito(1478?~1541): 인문주의 학자. 바젤과 마

인츠 주교좌 성당의 설교가였으며, 스트라스부르에서 부처의 동료로 활동. 신학적으로는 루터보다 츠빙글리에 더 가까웠으나, 루터와 몇 차례 만날 기회가 있었다.

성직 참사회chapter of clergy: 수사가 아닌 사제들로 구성된 공동체. 비텐베르크에 있던 '모든 성인 참사회All Saints' chapter'가 그 예다. 대체로 주교좌성당이나 유명한 교회에 연결돼 있었다.

카를 5세 Karl V(1500~1558): 에스파냐의 국왕. 1519년 신성로마제국 황제로 선출됐다. 이후 1521년 보름스 제국회의에서 루터를 자기 앞으로 소환했다.

신앙고백confessions: 로마가톨릭교회나 다른 프로테스탄트 종파들과 자신들을 구분하고자 종교개혁 기간과 그 이후에 프로테스탄트 교회들이 채택한 신앙과 관례에 대해 작성한 성명.

요한 에크 Johann Eck: 숙련된 가톨릭 사제이자 신학자. 라이프치히에서 루터와 논쟁했으며 아우크스부르크 신앙고백에 반대했다. 여러 차례 프로테스탄트들과 종교적 대화에 참여했다.

선제후electors: 1356년 이후부터 신성로마제국의 황제 선출권을 갖는 제후 일곱 명. 세속 영지를 통치하는 제후 네 명(작센 지방의 제후가 그중 하나)과 교회 영지를 통치하는 제후 세 명으로 구성.

프리드리히 엥겔스 Friedrich Engels(1820~95): 독일의 정치 이론가. 마르크스와 『공산당 선언』 공저. 『독일농민전쟁』 저술.

로테르담의 에라스무스 Erasmus of Rotterdam(약 1469~1536): 네덜란드

의 뛰어난 인문주의자. 계속해서 충실한 가톨릭 신자로 남았으며,
인간 의지의 자유 선택을 옹호해 루터의 사상에 반대했다.

영지estates: 신성로마제국을 구성하는 영토들로, 각 영지에서는 제
국의회에 대표들을 파견할 권한이 있었다. (뉘른베르크와 같은) 자유
도시들, (마인츠와 같은) 교회 영지, (헤센과 작센 지방 같은) 세속 군주
령 등으로 구성된다.

복음주의evangelical(독일어 evangelisch): 초기 종교개혁 지지자들을 이
르던 용어. 뒤에는 루터교와 개혁교회들을 광범위하게 이르는 말로,
프로테스탄트와 동등하게 사용됐다. 현대에 등장한 초교파적 복음
주의와 혼동하지 말 것.

현공賢公 **프리드리히**Friedrich der Weise(1463~1525): 작센의 선제후 프
리드리히 3세Friedrich Ⅲ. 비텐베르크의 성과 교회를 새로 지었으며,
'모든 성인' 성직 참사회를 강화하고, 대학을 설립했다. 황제의 추방
령에서 루터를 보호해주었다.

아르굴라 폰 그룸바흐 Argula von Grumbach(약 1490~1564): 바이에른의
귀족. 종교개혁을 지지하는 글을 썼으며, 코부르크에 있던 루터를
방문했다.

요한 고트프리트 헤르더 Johann Gottfried Herder(1744~1803): 독일의 철
학자, 신학자, 문학 비평가. 괴테의 친구였으며, 바이마르Weimar의
교회 감독이었다.

카를 홀 Karl Holl(1866~1926): 베를린의 교회사 교수. 1917년 종교개

혁 400주년에 종교에 대한 루터의 이해에 관해 강의했다. 이 강의와 다른 여러 논문들로 루터 연구의 르네상스를 일으켰다.

신성로마제국Holy Roman Empire(962~1806): 고대 로마제국을 중세시대에 계승한 것. 1521년 당시에는 그 영토가 현재의 독일보다 컸으며 분리된 영지 383개로 이뤄져 있었다.

유스투스 요나스 Justus Jonas(1493~1555): 비텐베르크의 법학 및 신학 교수, 목사, 번역가. 루터의 가까운 친구로 보름스 제국의회에 참석했으며, 루터의 결혼과 임종 때도 자리를 지켰다.

안드레아스 카를슈타트 Andreas Karlstadt(1486~1541): 루터의 동료로서 비텐베르크에서 개혁을 시작했으나, 루터가 바르트부르크에서 돌아온 뒤 축출됐다.

벤첼 링크 Wenzel Linck(1483~1547): 루터의 친구. 비텐베르크의 아우구스티노회 수사였다. 아우크스부르크 제국의회(1518)와 라이프치히 논쟁(1519)에 참석했다. 짧은 기간 동안 엄률 아우구스티노회의 부총장으로 있었으나, 복음주의 설교가이자 개혁가가 되어 알텐부르크와 뉘른베르크에서 활동했다.

필리프 멜란히톤 Philipp Melanchthon(1497~1560): 남부 독일 출신의 평신도 인문주의 학자. 비텐베르크에서 루터와 함께 개혁을 이끌었으며, 루터의 지위를 승계했다. 다작을 남긴 저술가이며, 종파 사이의 협상가였고, 아우크스부르크의 선두적인 신학자였다.

토마스 뮌처 Thomas Müntzer(1490 이전~1525): 사제, 비텐베르크의 학

생, 신비주의 신학자. 루터를 가혹하게 비판했으며, 그리스도의 천
년왕국을 예언했다. 1525년 혁명 때 체포돼 처형당했다.

프리드리히 니체 Philpp Nitzsche(1844~1900): 루터교 목사의 아들로
태어났다. 세계적으로 큰 영향력을 끼친 독일 철학자로, 당대 사회
의 그리스도교 도덕주의를 비판했다.

헤센의 필리프 Philpp von Hessen(1504~67): 헤센의 백작. 멜란히톤에
의해 개종하여 탁월한 프로테스탄트 지도자가 되었다. 중혼함으로
써 권력을 잃었으며, 1547년 카를 5세에게 패배해 투옥됐다.

우르바누스 레기우스 Urbanus Rhegius(1489~1541): 인문주의 학자, 신
학자, 루터파 개혁가로 아우크스부르크와 북부 중앙 독일에서 활동
했다. 비텐베르크에 온 적은 없으나, 1530년 코부르크에 있던 루터
를 방문했다.

카타리나 쉬츠 첼 Katharina Schütz Zell(1497~1562): 스트라스부르의 작
가이자 개혁가.

게오르크 슈팔라틴 Georg Spalatin(1484~1545): 현공賢公 프리드리히의
사서, 사제, 비서로 일했다. 루터와 프리드리히 제후 사이의 연락책
으로, 루터와 가장 자주 편지를 주고받았던 인물이다.

요한 폰 슈타우피츠 Johann von Staupitz(1460/69~1525): 엄률 아우구스
티노회의 부총장이었다. 비텐베르크의 신학자로 자신의 자리를 승
계하도록 루터를 준비시켰으며 루터의 영적 지도자이기도 했다.

요한 발터 Johann Walther(1496~1570): 비텐베르크와 토르가우에서 활

동한 성가대 선창자이자 작곡가. 루터의 친구로, 첫번째 루터교 성
가집을 편찬했다.

존 웨슬리 John Wesley(1703~91): 영국 성공회의 사제였다. 모라비아
경건주의Moravian pietism(18세기 보헤미아 모라비아 지방의 프로테스탄
트들이 가톨릭교회 세력의 탄압을 피해 독일 작센 지방으로 이동하면서 일
어난 새로운 프로테스탄트 종파. 개인의 경건함과 그리스도인들의 일치, 선
교를 강조했으며, 음악을 중시했다―옮긴이)에 감명을 받았으며, 이후
감리교회를 세웠다.

울리히 츠빙글리 Ulrich Zwingli(1484~1531): 취리히의 가장 강력한 개
혁가. 성만찬 논쟁에서 루터에 맞선 주요 논적.

개정판 역자 후기

이 책은 뿌리와이파리에서 '그리스도교를 만든 3인의 사상가'라는 기획의 세번째 책으로 처음 출간되었다. 그리스도교 역사에서 큰 획을 그은 세 사상가로 사도 바오로, 교부 아우구스티누스, 개혁가 마르틴 루터를 선정했고, 영국 옥스퍼드 출판사의 Very Short Introduction 시리즈에서 각 인물을 다루는 책을 우리말로 옮겨 내놓았다. 해당 분야에서 인정받는 탁월한 저자들이 부담스럽지 않은 분량으로 각 인물의 생애와 사상을 개괄적으로 다루면서도 핵심적인 문제들을 날카롭고 깊이 있게 제시한다는 점에서 탁월한 선택이었다고 생각한다. 뿌리와이파리에서 판권 계약이 종료되어 더이상 책이 나올 수 없게 되었을 때, 다행스럽게도 교유서가의 '첫

단추' 시리즈로 옮겨와 재출간할 수 있게 되었다. 세상의 거의 모든 주제에 관한 입문서를 제공하고 있는 이 시리즈 안에서 그리스도교의 사상가들을 다시 소개할 수 있게 되어 기쁘다. 개인적으로는 번역을 생업으로 삼아 살아갈 수 있는 계기가 되어준 이 책이 영영 절판되지 않고 다시 나올 수 있게 되어 무척 감사하다. 이 책을 읽는 독자들이 다양한 주제 가운데 하나로서 그리스도교의 역사와 교리를 이해하고, 그것들이 이 세상에서 갖는 의미를 생각하게 되기를 바란다.

마르틴 루터는 모두가 아는 대로 종교개혁을 일으킨 인물이다. 종교개혁 바깥에서 마르틴 루터를 논하는 것은 불가능하며, 마르틴 루터를 제외하고 종교개혁을 이야기하는 것도 불가능하다. 1517년 서른세 살의 아우구스티노회 수사이자 성서학 교수였던 그가 비텐베르크성당 문에 95개 논제를 붙임으로써 종교개혁이 촉발되었고, 이후 그의 삶 전체가 종교개혁이라는 거대한 역사적 흐름의 일부분이 되었다. 종교개혁은 로마가톨릭교회 아래 하나로 통합되어 있던 중세 유럽에 균열을 일으키고 정치의 지형을 바꾸었을 뿐 아니라, 사람들의 정신세계 또한 뒤흔들어 놓았다. 95개 논제를 구상할 당시에 루터가 이러한 대변혁을 의도했을 리는 만무하며 1546년 세상을 떠날 때도 그 광범위한 결과를 예상했을 리 없겠지만, 적어도 그 자신이 교회를 개혁하고 있음을 인식하고 그 개혁을 완수하기 위해 부단히 노력했던 것만은 사실이다.

오늘날 종교개혁을 논할 때 루터나 칼뱅 같은 핵심 개혁가들을 중심에 두기보다는 가톨릭교회 내부의 부패를 비롯하여 16세기 유럽이 안고 있던 중층적인 모순들과, 상업 자본주의의 발달, 부르주아 계층의 출현, 기술의 발전 등 새로운 시대적 흐름을 배경으로 종교개혁이 일어날 수밖에 없었던 요인들을 찾아내고 향후 종교개혁이 미친 영향을 분석한다. 몇몇 개혁가들이 종교개혁이라는 거대한 변혁을 촉발하는 데 중요한 역할을 한 것은 사실이지만 그들 또한 전혀 가늠하지 못했던 역사적 격랑에 휩쓸렸던 존재로 보는 경향이 강하다. 실제로 그리스도교 자체의 문제로만 본다 해도 로마가톨릭교회의 개혁을 시도했던 이들은 마르틴 루터 이전에도 계속 등장했었고 그중에는 그보다 더욱 과감한 주장을 했던 이들도 있었으니, 어찌 보면 마르틴 루터가 종교개혁을 촉발할 수 있었던 것 자체가 적절한 시간과 장소의 문제에 지나지 않았다는 주장도 무리는 아니다.

그러함에도 마르틴 루터의 생애와 사상을 살펴보는 것은 여전히 큰 의미가 있다. 1546년 세상을 떠나기까지 30년에 걸친 세월 동안 루터는 언제나 종교개혁의 중심에 서 있었고 그의 강의와 저술, 다른 개혁가들과의 친분이나 논쟁, 그를 보호하던 영주들과의 관계, 그의 결혼과 가정생활에 이르기까지 그의 일거수일투족이 종교개혁의 진행 방향에 영향을 주었다. 또한 종교개혁으로 인해 등장한 프로테스탄트는 초기부터 서로 입장을 달리하는 여러 종파로 나뉘어 있었으나 그럼에도 그 공통의 기초를 이루는 교리들은 루터에게서 나왔고, 이후 서양 사상사에 큰 영향을 끼쳤다. 따라서 우리가 종교개혁이라는 복잡다단한 사건 전체를 한꺼번에 조망할 수 없음을 감안한다면, 마르틴 루터라는 개혁가의 생애와 사상을 살펴봄으로써 종교개혁을 가로지르는 핵심적인 단면을 고찰할 수 있을 것이다. 루터가 촉발한 종교개혁에서 루터보다 더 힘있는 인물들이나, 정치적이고 사회적인 요소들이 더 큰 역할을 한 것이 사실이라 해도, 루터 자신이 종교개혁에서 물러난 적이 없고 오히려 늘 그 중심에서 종교개혁의 기수다운 역할을 했으며 다른 인물들과 요소들의 직·간접적인 접점이 되었던 것 또한 부인할 수 없는 사실이기 때문이다.

저자 스콧 H. 헨드릭스는 이 짧은 분량의 책 안에서 마르틴 루터의 생애와 사상을 간결하면서도 친절한 방식으로 제시하고 있다. 루터 이전의 개혁가들을 개략적으로 소개하고 종교개혁 이전에 수도자와 성서학 교수가 되기까지 루터의 삶을 이야기함으로써 그가 종교개혁을 촉발하게 된 배경과 맥락을 이해하기 쉽게 제시한다. 그리고 루터가 '오직 믿음', '오직 성경', '오직 은총'과 같은 핵심적인 프로테스탄트 교리를 결론적으로 이끌어낸 과정과 다른 종교개혁가들과 입장을 달리하여 논쟁한 내용들도 간명하게 설명한다. 또한 루터가 제후들과 맺었던 관계들을 이야기하고 그가 가졌던 정치적 입장에 대해서도 비판적으로 논의한다. 그리고 아버지, 부인, 자녀들과 맺었던 개인적인 관계들도 충분히 이야기함으로써 개혁가 이전의 한 인간으로 루터가 겪은 행복과 절망도 충분히 보여준다. 특히 저자는 루터를 둘러싼 전설에 가까운 이야기들을 별도로 제시하면서 그 이야기들이 어디까지 사실인지 따져보는 한편, 사람들이 루터를 어떻게 인식하고 수용했는지를 흥미롭게 보여주고 있다. 마지막으로는 오늘날까지 이어지는 루터교의 현황을 제시하고 루터가 오늘날까지 미친 영향을 전반적으로 평가한다. 마르틴 루터와 종교개혁에 관해 간명하게 개괄할 수 있는 책으로는 이만한 책이 없는 것 같다.

사실 마르틴 루터처럼 그 당시에도 이미 상당히 논쟁적이었던 —논쟁의 대상이 되었을 뿐 아니라 그 자신이 논쟁을 주도했던— 인물을 정확히 이해하고 어떤 판단을 내리기란 쉬운 일이 아니다. 책을 번역하고 다시 교정하는 과정에서 마르틴 루터에 대해 다시 생각해 볼 수 있었는데, 거대한 역사의 흐름 속에 있는 한 인간의 실존적 의미에 대해 고민하는 계기가 되었다. 루터 자신은 종교개혁을 기획했던 것도 아니고 이미 시작된 종교개혁의 전체 방향을 주도적으로 이끌어갔던 것도 아니지만, 자신에게 닥쳐오는 파도들을 한껏 받아내며 끝까지 자기 자신이었던 사람이 아닐까 하는 생각을 했다. 루터는 비록 모순적인 주장을 펼치기도 했고, 정치적인 입장을 바꾸기도 했으며, 인간적인 분노와 연민 때문에 실수를 저지르면서 의도하지도 않았고 예상하지도 못한 방향으로 흘러가기도 했지만, 그 모든 것들에도 불구하고 부단히 참된 믿음을 고민하고 그것을 실천하고자 부단히 노력했다. 한 인간이 자신이 사는 세상과 시대를 전체적으로 정확하게 파악하면서 앞으로 나아갈 바를 결정한다는 것은 거의 불가능한 일이다. 다만 할 수 있는 최선이란 진리를 치열하게 고민하면서 닥쳐오는 현실을 수용하고 자기 갈 길을 계속 걸어가는 것뿐이다. 오늘날 루터가 우리에게 의미를 지닐 수 있는 것은 그 자신이 바로 그러한 모습을 보여주었기 때문이 아닐까.

번역을 하면서 가능한 한 쉽고 자연스러운 우리말로 옮기고자 노력했다. 그리스도교 신자가 아니면 (혹은 그리스도교 신자라 해도) 잘 알기 어려운 몇 가지 개념들에 대해서는 되도록 간명하게 옮긴이주를 달았다. 다시 교정을 볼 때는 전에 보이지 않던 오류를 고치고 문장을 다듬었다. 그럼에도 미진한 부분이 남아 있다면 모두 번역자의 책임이다. 이 책이 모쪼록 마르틴 루터와 종교개혁에 관심을 갖는 독자들에게 친절한 도움이 되는 입문서로 두루 읽힐 수 있다면 옮긴이로서 더 바랄 것이 없겠다.

2024년 10월
전경훈

초판 역자 후기

    '그리스도교를 만든 3인의 사상가'를 세 권의 책으로 기획해 출간할 것이란 이야기를 처음 들었을 때 반가운 마음에 선뜻 번역을 맡기로 했다. 흔히 그리스도교는 그리스문명과 함께 서구 문화를 이루는 두 뿌리라고 이야기하지만, 우리나라에선 그리스도교를 소개하는 책들이 상대적으로 드물었기 때문이다. 그리스도교의 사상과 역사를 학문과 교양으로 접근하는 일은, 일반인들에게 서구 문화를 보다 깊고 풍요롭게 이해할 수 있는 배경을 마련해줄 것이고, 그리스도교 신자들에게는 자신의 신앙을 성찰하는 계기가 되어줄 것이라 믿는다. 우리가 신이라고 부르는 절대 진리를 완전히 이해할 수는 없을지라도 더 풍부한 지식과 더 다양한 사유를 통해 그 속성들을 더 잘 알아갈 수는 있을 것이기 때문이다. 그런 점에서 그리스도교 2000년 역사의 중요한 순간들을 대표하는 바오로, 아우구스티누스, 루터의 사상과 생애를 간결하면서도 깊이 있게 정리한 세 권의 책을 내놓을 수 있게 되어 기쁘다.

마르틴 루터는 종교개혁이라는 엄청난 역사적 사건을 촉발한 인물이지만, 실제 그의 삶을 들여다보면 우리가 흔히 생각하는 철두철미한 '개혁가'의 이미지는 잘 보이지 않는다. 애초에 그가 종교개혁을 의도했던 것은 아니라고 하지만, 그것이 그를 비판하는 이유가 될 수는 없을 것 같다. 사실 역사의 많은 변화들이 그런 식으로 일어났기 때문이다. 그는 물론 자신의 사후에 유럽 최초의 국제전쟁이랄 수 있는 삼십년전쟁이 일어나 단일한 그리스도교 세계의 서유럽이 조각조각 나뉘게 되리라는 것까지 예상할 수는 없었다. 하지만 개혁이 진행되는 과정에서 자신이 하고 있는 일을 분명히 의식하고, 그것이 지닌 함의를 인식하고 있었다.

이 책의 저자가 지적하는 것처럼 마르틴 루터 이전에도 개혁을 위한 시도들이 계속해서 있어왔고, 그는 다만 때가 무르익었던 절묘한 시점에 '95개 논제'를 들고나와 준비된 기름통에 불꽃을 튀긴 것인지도 모른다. 그렇기 때문에 대문자로 쓰는 단일한 종교개혁Reformation보다는 소문자로 쓰는 종교개혁reformations들이라고 말하는 것이 더 옳을지도 모르겠다. 루터 이전에도 개혁가들은 있었고, 루터와 동시대에 그와 경쟁한 여러 개혁가들이 나왔으며, 로마가톨릭교회 내부에서도 개혁은 이루어졌기 때문이다. 복수의 '종교개혁들'이란 관점에서 루터를 바라볼 때 우리는 과도하게 덧씌워진 이미지들을 걷어내고 그를 공정하게 바라볼 수 있을 것이다.

사실 그는 여러 가지로 모순된 인물처럼 보인다. 그를 비판하는 사람들은 수도자였다가 결혼했다거나, 폭력 사용에 반대했다가 용인하게 되었다거나, 농민들 편에 섰다가 영주들 편을 들었다거나, 고결한 신앙생활을 강조하면서도 자신의 적수들에게는 거친 욕설을 퍼부었다는 점들을 들어 그를 조롱하곤 한다. 하지만 우리가 진짜 주목해야 할 유의미한 모순은 오히려 그가 지닌 사상 속에 있다. 그는 바오로를 다시 발견하고 아우구스티누스를 독자적으로 계승하면서 의례보다는 '믿음'을 강조함으로써 억압적인 지배종교가 되어버린 중세의 로마가톨릭교회에서 개인을 해방시켰다. 이제 각 개인은 누군가의 중재 없이도 스스로 신을 대면할 수 있는 존재가 된 것이다. 그런 의미에서 그는 굉장히 근대적인 인물이었다. 하지만 그는 '오직 믿음'을 강조함으로써 오히려 그리스도교 전통 안에서 유지되었던 이성적 사유를 억압하고, '오직 은총'을 강조함으로써 인간의 의지가 지닌 함의를 축소시켰으며, '오직 성경'을 강조함으로써 성경을 축자적으로 해석하는 근본주의적 성향의 여지를 남겨두었다. 그런 면에서 그는 개혁가였지만 오히려 보수적이었고 전근대적이었다고 말할 수 있다. 같은 시기에 활동한 대표적 인문주의자 에라스무스가 로마가톨릭교회를 비판하면서도 루터와 함께하지 않았다는 사실에 주목할 필요가 있다. 루터가 지닌 이러한 모순은 종교개혁에도 그대로 반영되었고, 종교개혁을 두고 엇갈린 평가가 이어지는 이유가 되었다. 그만큼 루터 자신이 복잡한 인물이었으며, 그가 살았던 시대가 종잡을 수 없는 격변의 시기이기도 했다. 그런 모순들을 넘어서 오늘날 루터가 우리에게 던져주는 의미는, 이 책의 저자가 말하고 있듯, 진정한 종교란 어떠해야 하는가를 진지하게 성찰할 수 있게 한다는 점일 것이다.

책을 번역하면서 새삼 발견하게 된 것은 바오로, 아우구스티누스, 루터 세 사람 모두 인생의 한순간 큰 변화를 겪었다는 점이다. 그리고 그들 개인의 변화는 그리스도교 역사의 변화로 이어졌고, 그들 삶에 나타난 단절과 연속이 그리스도교 역사의 변증법적 발전과 맞물렸다. 골수 유대교 바리사이였던 바오로는 자신이 박해해온 그리스도교의 선교사가 되어 그리스도교를 세계 보편종교로 확립하는 기틀을 마련했다. 세상 모든 사상과 종교를 편력하며 방황하던 아우구스티누스는 그리스도교로 개종한 뒤 기존의 철학과 신학을 종합해 중세 신학으로 나아갈 수 있는 토대를 마련했다. 로마가톨릭 교회의 수도자였던 마르틴 루터는 당시 교회의 문제점들을 공개적으로 질의함으로써 종교개혁의 불꽃을 터뜨렸고 그리스도교 역사뿐 아니라 서구 역사의 한 분기점을 이루었다. 세 사람은 모두 두려움 없이 진리를 추구했고, 그 진리를 끊임없이 사유했을 뿐 아니라 다른 생각을 가진 사람들과 계속해서 대화하고 논쟁했다. 그리고 한 걸음 더 나아가 자신의 삶에서 진리를 실천하고 그 진리에 따라 사람들을 이끌고자 노력했다. 물론 그들의 사상과 인생 또한 수많은 모순들로 가득차 있지만, 그들의 삶과 생각을 따라가다 보면 그리스도교에서 추구하는 진리의 특징, 그 특징들을 증명하려는 과정에서 발생하는 문제, 그 문제들을 해결하려는 시도, 그 시도가 현실 세계에 미친 영향을 파악할 수 있을 것이다.

번역하는 동안 개인적으로는 수도자 신분에서 벗어나는 변화를 겪었다. 참된 진리와 옳은 가치를 추구하면서, 단절됐지만 또 연속된 삶을 살아낸 세 사람이 내게 위안이 되었다.

그 위안은 그들이 역경 속에서도 신을 추구했다는 것이기보다는, 오히려 신을 추구하는 삶에서도 온갖 모순과 혼란이 끊이지 않았다는 사실이었다. 책을 읽는 독자들에게도 현실에 발붙이고 절대 진리를 추구하며 열정적으로 살아간 세 사람의 사상과 인생이 지적 즐거움과 삶의 위안으로 다가갈 수 있길 바란다.

2016년 푸른 5월에

전경훈

도판 목록

마르틴 루터

MARTIN LUTHER

초판 1쇄 인쇄 2024년 11월 25일

초판 1쇄 발행 2024년 12월 5일

지은이 스콧 H. 헨드릭스

옮긴이 전경훈

편집 이고호 이원주 이희연

디자인 김문비

저작권 박지영 형소진 최은진 오서영

마케팅 김선진 김다정

브랜딩 함유지 함근아 박민재 김희숙 이송이
박다솔 조다현 배진성 이서진 김하연

제작 강신은 김동욱 이순호

제작처 한영문화사(인쇄) 한영제책사(제본)

펴낸곳 (주)교유당   **펴낸이** 신정민

출판등록 2019년 5월 24일
제406-2019-000052호

주소 10881 경기도 파주시 회동길 210

전자우편 gyoyudang@munhak.com

문의전화 031) 955-8891(마케팅)
031) 955-2680(편집)
031) 955-8855(팩스)

페이스북 @gyoyubooks

트위터 @gyoyu_books **인스타그램** @gyoyu_books

ISBN 979-11-93710-78-4 03160